PANADERÍA
artesanal

Lolita Muñoz

PANADERÍA
artesanal

Panes - Galletitas - Facturas - Budines

**INCLUYE RECETAS PARA
MÁQUINA DE PAN
Y CELÍACOS**

EDITORIAL
ALBATROS

Coordinación: Florencia Nizzoli
Edición: Cecilia Repetti
Dirección de arte: Jorge Deverill
Foto de tapa: @ iStockphoto
Fotos interiores: Juanjo Bruzza
Lectura crítica y asesoramiento
en las recetas de máquina de pan: Stella Cochetti
Asesoramiento en las recetas
para celíacos: Asociación Celíaca Argentina

PANADERÍA ARTESNAL
1ª edición - 3000 ejemplares
Impreso en Gráfica MPS S.R.L.
Santiago del Estero 338 - Lanús Oeste - Buenos Aires
Febrero de 2010

Copyright © 2010 by EDITORIAL ALBATROS SACI
J. Salguero 2745 5° - 51 (1425)
Buenos Aires - República Argentina
E-mail: Info@albatros.com.ar
www.albatros.com.ar

ISBN 978-950-24-1282-5

LIBRO DE EDICIÓN ARGENTINA

Lolita Muñoz
    Panaderia artesanal panes, galletitas, facturas, budines.
    1a ed. - Buenos Aires : Albatros, 2010.
    128 p. : il. ; 15x22 cm. - (las recetas de albatros)

    ISBN 978-950-24-1282-5

    1. Panaderia. I. Título
    CDD 641.865

Contenido

Contenido

Introducción

Los secretos de la panadería

El pan, alimento de ayer y de siempre

Las más antiguas tradiciones familiares tienen al pan como protagonista. Incluso muchas religiones lo incluyen como parte importante de sus rituales. En el transcurso de la historia, el pan ha sido y es un compañero inseparable del alimento de los seres humanos. Compartir el pan en familia y entre amigos es algo más que comer. Es estar unidos por lazos invisibles pero duraderos.

Las recetas de este libro incluyen productos de panadería y pastelería y también recetas auxiliares y consejos que sacarán de apuros a más de una cocinera principiante.

Además, los secretos para realizar riquísimos panes en la máquina de pan y así poder lucirse en poquitísimo tiempo.

Al final, encontrarán las recetas para celíacos sin trigo, avena, cebada, centeno, directamente elaboradas por la Asociación Celíaca Argentina.

Pero lo más importante de cada receta no está escrito en un libro. Es el tiempo, el trabajo, la dedicación y el amor que cada uno pone para agasajar a los suyos.

La casa se llenará de aromas exquisitos y el dorado y crujiente de los panes y la dulzura de facturas y masas recordarán que el hogar es el refugio y el solaz después de la jornada. Valdrá la pena el esfuerzo, no lo dude. No busque tanto la perfección ni los detalles. Todos sabrán apreciar ese pan que no es igual a ningún otro, porque fue amasado con sus propias manos.

Los utensilios

Hay utensilios que todas sabemos que no son lo que parecen. Por ejemplo, una tapa de cacerola es lo ideal para dar vuelta una tortilla, aunque no figure en ningún tratado de cocina. De todos modos y aunque todas sabemos bien qué tenemos en nuestra cocina, cuál es nuestro cuchillo favorito y cómo nos las arreglamos con lo que tenemos, aquí van los "indispensables" para panadería y pastelería:

Un buen palote de amasar: lo ideal es que no sea demasiado pesado, a menos que se desee hacer musculación mientras se cocina.

Bols: como los recipientes herméticos, nunca serán demasiados y siempre compraremos uno más.

Batidor de alambre: el batidor clásico que usaban nuestras abuelas: mejor si es eléctrico pero de mano. La batidora eléctrica también ahorra tiempo y esfuerzo, pero es más complicada de limpiar.

Cuchara de madera: absolutamente indispensable. Si tiene mango largo, mejor, para no quemarnos con el vapor.

Moldes para tortas, tarteletas, budines: los moldes de lata son los más comunes y resultan muy económicos. Conviene aceitarlos un poco si vamos a guardarlos por mucho tiempo sin usar.

Espátula de goma: para sacar "hasta la última gota" de los batidos o mezclas.

Manga y boquillas: muy útiles para diferentes preparaciones y decoraciones.

Rejilla: para apoyar tortas, masitas, etc.

Mesada: si es una tabla grande de madera, mejor. Si no, cualquier mesa de mármol, fórmica, etc., o hasta la mesada de la cocina pueden servir.

Espumadera: sirve para espumar frituras.

Tamiz: se usa para tamizar harina, azúcar impalpable, etc. A falta de tamiz se puede usar un colador pequeño de los comunes, de malla fina.

Cacerolas y cacerolitas: de todos los tamaños.

Fuentes térmicas: para llevar al horno o conservar.

Lienzos o repasadores limpios: para tapar las masas cuando levan.

Budineras: para budín inglés, budineras como para flan, savarín (molde con aro central), moldes para tarteletas, moldes para pancitos (como los muffins).

Cortapastas: (con los diseño que desee). También para galletitas redondas, una tapa de frasco o una copita (para las más chiquitas) pueden ser útiles.

Placas para horno: las que llamamos "asaderas".

Rallador fino: para rallar cáscaras de cítricos.

Pirotines: recipientes acanalados de papel que se necesitan para realizar algunas masitas con pasta de bizcochuelo.

Film de polietileno, papel manteca, papel de aluminio, etc.: o lo que se pueda conseguir. Una masa, por ejemplo, puede guardarse en la heladera dentro de una bolsita de polietileno usada de pan, por ejemplo, en lugar de comprar film.

De equivalencias y medidas

Las medidas de cualquier receta son relativas dado que no se trata de miligramos pesados en balanzas de precisión, como en una fórmula farmacéutica. Los huevos pueden ser más o menos grandes, la harina de distinta calidad —lo cual la hace variar en volumen—, e incluso las tazas y las cucharas no son tan estándares como antes. Una cuchara de postre o sopera, por ejemplo, puede variar de tamaño entre una y otra marca, y como la cocina es un laboratorio informal, allí podemos crear dándonos el lujo de no ser tan precisos. Así la experiencia que vayamos adquiriendo hará que, como nuestras abuelas, con el tiempo nos demos cuenta "a ojo" si una masa necesita más o menos harina, diga lo que diga la receta original. Es más, posiblemente hasta nos atrevamos a crear nuestras propias fórmulas añadiendo o quitando sin temor diferentes ingredientes. ¡Manos a la obra!

Azúcar
1 cucharada al ras = 14 gramos
1 cucharada = 21 gramos
1 cucharada colmada = 30 gramos
1 pocillo tamaño café = 63 gramos
1 taza = 220 gramos

Azúcar impalpable
1 taza = 120 gramos

Harina
1 cucharada al ras = 11 gramos
1 cucharada = 18,5 gramos
1 cucharada colmada = 25 gramos
1 pocillo tamaño café = 58 gramos
1 taza = 120 gramos

Fécula de maíz
1 cucharada al ras = 8 gramos
1 cucharada = 14 gramos
1 cucharada colmada = 29 gramos
1 pocillo tamaño café = 55 gramos
1 taza = 120 gramos

Agua, leche y demás líquidos
1 cucharada = 2,5 gramos
1 taza tamaño desayuno = 250 cm^3

Aceite
1 cucharada = 12,5 gramos

Miel
1 cucharada = 23 gramos

Manteca
1 cucharada = 15 gramos
4 cucharadas 1/4 de taza

Consejos siempre útiles

- Cuando mida harina en una taza, no la presione. Debe llenarla suavemente hasta el borde moviéndola un poco para que se nivele.

- En todas las recetas de este libro (salvo que se indique lo contrario, por ejemplo, harina leudante) la harina es común 0000.

- Las tazas, salvo que la receta indique lo contrario, son las que usamos para café con leche. Tienen capacidad para 1/4 litro (250 centímetros cúbicos/ cm³) de líquido (agua, leche, jugo).

- Para medir una taza de manteca hay dos formas: una es llenar la taza con manteca blanda, cuidando que no queden huecos. La otra es colocar en una jarra medidora dos tazas de agua (500 cm³) y añadir manteca fría hasta que el volumen corresponda a tres tazas (750 cm³). La tercera será la de manteca. Luego escurrir la manteca y usar.

La máquina de pan

En general, el pan no se hornea en los hogares, sino que se compra en comercios del ramo. Es muy práctico, pero nos perdemos ese perfume inigualable y esa calidez del pan recién horneado. La máquina de pan nos da la posibilidad de recuperarlos. Se trata de un artefacto que nos permite disfrutar de un pan recién horneado, fabricado con muy poco esfuerzo, y de la alegría de compartirlo con nuestras familias.

La máquina de pan sólo necesita que pongamos, en el recipiente, los ingredientes y elijamos el programa de cocción adecuado: ella se encargará de mezclar los elementos, de amasarlos, de levar la masa y de cocinarla. Un *beep* nos avisará que el pan está listo para ser desmoldado. Y más: algunas máquinas tienen un programa de encendido previo que nos permite poner los ingredientes y programarla para que se encienda y... ¡nos sorprenda con el pan recién horneado en el desayuno!

Los modelos de máquina de pan

Las máquinas de pan que ofrece el mercado se diferencian, básicamente, por la forma del molde: vertical u horizontal, los cuales tienen distinta capacidad. En el recipiente vertical, se pueden hornear panes de hasta 1 kg; mientras que en el recipiente horizontal, el pan puede llegar a pesar hasta 1,5 kg.

La cantidad de programas que tienen las máquinas es diferente en cada marca, pero los que no faltan, en ninguna, son los siguientes: pan básico, pan francés, pan integral, pan rápido, sándwich y budín o pastel. Algunos incluyen, también, programas para hacer mermeladas y para preparar masas. Este último programa es muy útil para acortar los tiempos de levado de diferentes masas, como las de pizzas o las de panecillos saborizados.

El orden de los ingredientes

Es muy importante para lograr un pan de buena calidad, respetar el orden en el que se colocan los ingredientes en el recipiente. En todos los casos, el orden es el siguiente:

1.° Ingredientes líquidos (agua, leche, huevos, extracto de malta).

2.° Ingredientes grasos (manteca, aceite).

3.° Ingredientes secos (sal, harinas, azúcar).

4.° Levadura.

La levadura

La levadura es un ingrediente fundamental en las recetas para hacer panes. En el mercado, se consiguen dos tipos diferentes.

La levadura fresca viene envasada en cubos de 50 g, y es importante leer la fecha de vencimiento al adquirirla. Se la puede conservar en la heladera o en el freezer (hasta dos meses). Si se la guarda en el freezer, hay que sacarla una hora antes de usarla para que se descongele. Nunca descongele la levadura en el horno de microondas, pues quedará inservible: morirán los microorganismos responsables del levado. Siempre, verifique que la levadura fresca no tenga manchas en la superficie, pues en ese caso, deberá descartarla.

La levadura seca viene en polvo, en sobres de 10 g. Un sobre de levadura seca es equivalente a un cubo de levadura fresca.

En la máquina de pan, pueden emplearse ambas clases de levadura. Pero, evite que estas queden en contacto con el agua. Y, si proyecta usar el programa de encendido previo, utilice solamente levadura en polvo.

Atención

Todas las recetas de máquina de pan de este libro, sugieren el uso de *levadura seca* porque se usa con habitualidad, o por si se prefiere usar el programa de cocción previa. Si lo prefiere, reemplace los 10 gramos de levadura seca por 50 gramos de levadura fresca.

Consejos para usar la máquina de pan

Si bien todas las máquinas de pan vienen con su correspondiente manual y recetario, no le vendrá nada mal tener en cuenta los siguientes consejos.

• Asegúrese de que las paletas estén bien insertas antes de colocar los ingredientes en el recipiente, pues si quedan flojas, no giran.

• Coloque el agua o los ingredientes líquidos que la receta sugiera, a temperatura ambiente.

• El agua y la leche se pueden intercambiar en la mayoría de las recetas para hacer panes. Con leche, logrará un producto de textura más suave y agregará nutrientes (algo importante si hay niños en la casa). Con el agua, el pan tendrá una corteza más crujiente.

• Como medio líquido, también, puede utilizar leche en polvo. Se calculan 2 cucharadas de leche en polvo por cada taza de agua. Ponga primero en el recipiente de la máquina las tazas de agua correspondientes a la cantidad de leche y, sobre la harina, las cucharadas de leche en polvo.

- Cuando utilice el programa de encendido previo, siempre reemplace la leche fresca por leche en polvo o por agua.

- No utilice el programa de encendido previo con recetas que contengan huevos.

- Mientras sea posible, use sal de mesa, en vez de otras sales bajas en sodio. Logrará un pan de mejor calidad.

- Corte la manteca en trocitos para agregarla al recipiente.

- Coloque las especias y las hierbas sobre la harina evitando que toquen el agua.

- En el mercado, se consiguen harinas especiales para hacer pan. Se trata de un producto enriquecido que rinde más y facilita la tarea del amasado. No compre harinas que contengan levadura.

- Los diferentes tipos de harinas: integrales, de centeno o salvados, se conservan mejor en la heladera. Los cajones bajos de la heladera son ideales para este fin.

- Cuando esté terminando el primer amasado, escuchará un *beep*. Recién entonces agregue ingredientes como las frutas secas que, de otro modo, se romperían demasiado.

- Si desea decorar el pan con semillas, levante la tapa de la máquina 15 minutos antes de que se termine la cocción y espárzalas encima del pan.

- Cuando la máquina se lo indique, saque el pan horneado del recipiente tan rápido como sea posible. Proteja sus manos con guantes térmicos, pues estará muy caliente.

- Tendrá que sacudir el molde con energía para lograr desmoldar el pan: nunca utilice cuchillos o paletas metálicas porque arruinará la capa antiadherente del recipiente. Lo que retiene el pan dentro del envase son las paletas que, seguramente, quedarán dentro del mismo cuando desmolde. Proceda a retirarlas cuando el pan se haya enfriado.

- Una vez desmoldado, deje enfriar el pan sobre una rejilla.

- El pan debe estar frío para poder cortarlo en rebanadas. Para ello, use un cuchillo de hoja dentada o un cuchillo eléctrico.

- Para conservar el pan, guárdelo en una bolsa plástica hermética.

Las recetas para celíacos

Hace años que nos ocupamos de la alimentación sin trigo, avena, cebada, centeno (sin T.A.C.C.) y ahora nuestra cocina se ve favorecida con materias primas y productos de primera calidad. Encontramos así un interesante campo para demostrar la versatilidad culinaria y creativa a fin de lograr el buen sabor y aspecto de las preparaciones y agradar al celíaco.

De ahora en más, llevar adelante una dieta sin T.A.C.C. ya no es sinónimo de complicación, sino por el contrario es disfrutar de "una nueva forma de vida".

Armemos una alacena a conciencia con productos aptos y elaboremos desayunos, almuerzos, cenas, reuniones familiares, etc., a partir de recetas sencillas, teniendo en cuenta los cuidados necesarios y así lograremos una dieta variada, nutritiva y apetitosa.

Los tipos de harina

Para cocinar este tipo de recetas, se puede usar una premezcla o también harina sin trigo, avena, cebada, centeno (sin T.A.C.C.). Ambas se consiguen en comercios.

Harina sin trigo, avena, cebada, centeno (sin T.A.C.C.): es una mezcla de tres harinas: fécula de maíz, mandioca y harina de arroz. Se consigue en los comercios, aunque también se puede preparar en casa, comprando las tres harinas por separado y preparándola, como se lee en la primera receta de este capítulo. Es una mezcla más económica que la premezcla.

A veces no se puede usar la harina (sin T.A.C.C. para todas las preparaciones ya que se necesitan algunos componentes que ayuden a ligar los ingredientes. Por eso, la receta aparece desarrollada en el capítulo 10 de este libro.

Premezcla sin trigo, avena, cebada, centeno (sin T.A.C.C.): además de la mezcla de harina sin T.A.C.C., tiene goma xántica, leche en polvo, huevo el polvo, etcétera, que ayudan a que las preparaciones se unan.

Asociación Celíaca Argentina

Sede Nacional: Calle 24 N° 1907 e/ 71 y 72 (1900) La Plata – Buenos Aires
Tel./Fax: 54-221-4516126
Correo electrónico: info@celiaco.org.ar // Página web: www.celiaco.org.ar

El glosario de la cocina

Abrillantar: pincelar con mermelada reducida, gelatina a medio coagular u otro medio espeso y brillante que dé brillo a una cubierta.

Acaramelar: cubrir un molde con caramelo líquido para que luego se cristalice y se endurezca. Se emplea en lugar de enmantecar y enharinar para hacer algunas preparaciones como flanes y budines.

Almendras fileteadas: son almendras peladas, cortadas en láminas muy finas. Generalmente se compran ya fileteadas en casas de repostería.

Almendras peladas (o blanqueadas): para quitarles la cubierta marrón se pasan por agua hirviendo, se escurren y se frotan con un repasador.

Bañomaría: forma de cocción que consiste en superponer un recipiente térmico con una preparación determinada (por ejemplo, claras y azúcar, para hacer merengue cocido), sobre una cacerola con agua. Ambos recipientes se llevan así al fuego. Esta forma permite que la temperatura sea suave y no malogre los resultados. El recipiente superior no debe tocar el agua, que hervirá en el inferior.

Batir a mano abierta: significa batir con la mano abierta y los dedos juntos levantando la masa para airearla.

Batir: movimiento rápido que se imprime generalmente con batidor para espumar una preparación.

Blanquear: pasar por agua hirviendo vegetales (u otro ingrediente) para ablandarlos y darles apenas una cocción leve.

Bollo liso: Se le dice "bollo liso" al bollo de masa que se nota homogéneo, sin grumos y con los ingredientes perfectamente amalgamados.

Cerezas: existen confitadas, en almíbar y al marrasquino. Se emplean en distintas preparaciones de acuerdo con la receta.

Chocolate cobertura: es una clase de chocolate muy utilizado en repostería. Se debe disolver a baño maría a muy poca temperatura para que no se pase, pues el calor excesivo lo endurece, en vez de ablandarlo. Sirve especialmente para bañar bombones, galletitas, etc., y una vez frío, queda duro y firme.

Chocolate: cuando se indique en una receta "chocolate" sin especificar de qué tipo, se refiere al chocolate para taza, que se consigue en barritas.

Corona (o anillo) de harina: se forma realizando una especie de "volcán" de harina sobre la mesada para colocar los demás ingredientes en su interior.

Enmantecar y enharinar: cubrir un molde completamente en su interior primero con manteca blanda y luego con harina. Invertirlo y golpearlo para quitarle el excedente de harina antes de utilizarlo.

Esponja de levadura: es una preparación a base de levadura prensada, agua tibia, azúcar y harina. Generalmente es el primer paso en preparaciones con levadura. Todo se bate junto y luego se deja tapado en un lugar tibio hasta que leve (o leude), y se convierte en una preparación muy esponjosa, llena de globos.

Fécula de maíz: también se conoce con el nombre de "maicena".

Fondant: jarabe de azúcar adicionado con glucosa, que tiene textura de una pasta espesa, blanca y opaca. Suele comprarse en casas de repostería. Puede perfumarse y colorearse a gusto. Para utilizarlo se funde a bañomaría hasta que se ablande. Sirve para bañar budines, masitas, etc.

Glasé: es una preparación que se realiza con azúcar impalpable, claras de huevo y gotas de jugo de limón. Se la suele colorear y se emplea para decorar o bañar algunos productos de pastelería.

Manteca a punto pomada: punto de la manteca en el cual no ofrece resistencia ante la presión de un tenedor y mantiene un aspecto similar a una "pomada".

Mezclar: es revolver en el sentido de las agujas del reloj para integrar dos o más ingredientes.

Moka: se llama torta, crema o "moka" a la preparación que lleva café.

Muffins: panecillos que se cocinan dentro de moldes especiales, llamados "moldes para muffins".

Pasas de uva: existen diferentes variedades (Sultanas, Corinto, etc.). Son granos de uva desecados.

Picos: el término se usa generalmente en un batido, por ejemplo de merengue o glasé, para indicar el punto. Cuando con la cuchara levantamos un poco el batido, este queda con una pequeña elevación como si fuese un pico o copete.

Placas limpias: significa que estén libres de manteca, harina, aceite o cualquier otro ingrediente. La masa hojaldrada muchas veces se cocina en placas "limpias", pero ligeramente humedecidas con agua para que se abran bien las hojas de la masa.

Praliné: preparación a base de caramelo y frutas secas que se pulveriza en gránulos pequeños. Sirve para decorar o enriquecer cremas, rellenos, etc.

Procesar: pasar los ingredientes por la procesadora. En algunos casos se puede reemplazar por una buena licuadora.

Punto letra: el punto letra del batido de bizcochuelo es la forma de saber si el batido está a punto. Consiste en tomar una porción del batido con una cuchara de madera y trazar letras, números o lo que desee. Si el dibujo se mantiene sobre la superficie del batido un tiempo sin deshacerse, el batido llegó a "punto letra".

Punto nieve: es el punto de batido de las claras que se emplea para hacer tortas, merengues, etc. Para reconocerlo hay que invertir con cuidado el bol donde se batieron las claras. Si las claras no se deslizan, se ha llegado al punto nieve.

Rebozar: colocar una preparación (por ejemplo, trufas) sobre un polvo, granulado, etc., y girarla para rebozarla como si fuese una milanesa.

Repulgar: realizar un doblez o enrollamiento en los bordes.

Salmuera: es una preparación a base de agua y un poco de sal. Se emplea como medio líquido para unir masas en lugar de emplear solamente agua o leche, etc.

Sobar: es apretujar y mover entre las manos para amasar o adobar.

Tamizar: pasar por un tamiz, un cernidor o un colador de malla fina ingredientes secos como harina, polvo para hornear, etc. Así se aligera y airean los ingredientes para que las preparaciones resulten más esponjosas. También se tamizan otros ingredientes, como por ejemplo el azúcar impalpable, para quitarle gránulos e impurezas.

Capítulo 1

Las recetas básicas

CAPÍTULO 1

Las recetas básicas

Masa básica de pan I

Ingredientes

Harina 0000, 500 gramos
Sal, 10 gramos
Agua, 300 cm³ (un poco más
que una taza de desayuno)
Levadura de cerveza, 25 gramos

Preparación

1. Disolver la levadura en un bol con un poco de agua apenas tibia.

2. En otro bol, disolver la sal con un poquito de agua tibia.

3. Colocar la harina en forma de corona sobre la mesa. Ubicar en el centro la levadura disuelta y la sal también disuelta.

4. Comenzar a unir los ingredientes de adentro hacia fuera, añadiendo el agua tibia restante.

5. Formar un bollo con los ingredientes, limpiar y enharinar la mesada, y comenzar a amasar.

6. Sobar la masa, levantarla y golpearla sobre la mesa, estirarla con los nudillos, girarla para estirar hacia el otro lado, plegarla sobre ella misma, etc. Trabajar así el bollo para airearlo entre 10 y 15 minutos.

7. Ubicar el bollo ya liso y elástico en un bol. Cubrirlo con un lienzo.

8. Dejar levar por lo menos durante 20 minutos (primera fermentación).

9. Una vez levado, tomar el bollo nuevamente y repetir el amasado para quitarle el exceso de aire.

10. Dividir la masa para preparar panes, baguettes, panecillos o lo que indique la receta. Dejar levar una vez que se hayan armado los panes, panecillos, etc. (segunda fermentación).

Para máquina de pan

Colocar en el recipiente los ingredientes en el orden adecuado para la máquina: ingredientes líquidos, materias grasas, ingredientes secos y, por último, levadura. La máquina realizará los pasos 1 a 9. Programa: masa.

Masa básica de pan II

Ingredientes

Agua, 2 tazas
Margarina, 2 cucharadas
Sal, 1/2 cucharada
Azúcar, 2 cucharadas
Harina, 800 gramos
Levadura prensada, 25 gramos

Preparación

1. Disolver la margarina, el azúcar y la sal en el agua caliente. Dejar entibiar.
2. Añadir la levadura y 200 gramos de harina.
3. Batir a mano abierta durante un buen rato.
4. Dejar levar cubierto hasta que se esponje.
5. Añadir el resto de la harina y formar un bollo que se desprenda del bol.
6. Volcar el bollo sobre la mesada enharinada. Trabajar la masa amasándola entre 10 y 15 minutos hasta que esté lisa y elástica.
7. Ubicar la masa en un bol y dejarla levar tapada en lugar tibio.
8. Una vez levada, volver a amasar para quitarle el exceso de aire y armar el pan, o los panecillos, incorporando los ingredientes adicionales (los saborizados, por ejemplo, con cebolla, jamón, etc.).
9. Dejar levar nuevamente el producto ya preparado y cocinar como indica la receta (para un pan, aproximadamente 45 minutos).

Masa dulce básica para facturas

Ingredientes

Levadura prensada 50 gramos
Azúcar, 3/4 de taza y cantidad
adicional
Agua tibia, 1 taza
Leche tibia, 1/2 taza
Huevos batidos, 2
Manteca blanda, 100 gramos
Ralladura de 1 limón
Harina, cantidad necesaria
(entre 5 o 6 tazas)
Manteca derretida, cantidad
necesaria
Huevo batido, para pintar

Preparación

Esponja

1. Disolver la levadura prensada en 1/2 taza de agua tibia junto con una cucharadita de azúcar y una cucharadita de harina.
2. Batir hasta que se formen globitos en la superficie.
3. Cubrir y dejar en un sitio tibio hasta que la levadura fermente y adquiera la apariencia de una esponja.

Masa

1. Colocar la esponja de levadura en un bol grande y mezclar mientras se bate con la mano abierta los siguientes ingredientes: la 1/2 taza de agua tibia restante, la leche, los 3/4 tazas de azúcar, los huevos batidos, la manteca blanda y la ralladura de limón.

2. Agregar poco a poco, mientras se continúa batiendo con la mano, toda la harina que pueda absorber, hasta obtener un bollo tierno.
3. Volcar el bollo sobre la mesa enharinada y amasarlo enérgicamente (agregándole un poco más de harina si hiciera falta) hasta lograr una masa lisa, elástica y muy tierna, que no se pegue ni en los dedos ni en la mesa.
4. Dar a la masa forma de bollo, colocarlo en un bol, pintar la superficie con manteca derretida, cubrir con un lienzo liviano y ubicarlo en un sitio tibio hasta que duplique su volumen.

Armado y cocción

1. Cuando la masa haya duplicado su volumen, estirar o moldear por partes para realizar la variedad de facturas que se desee: medialunas, sacramentos, pancitos de leche, pancitos de salud, etc.
2. Una vez armadas o moldeadas las piezas, distribuirlas un poco distanciadas entre sí sobre placas enmantecadas y enharinadas, cubrir con un lienzo liviano y dejar levar en un sitio tibio hasta que estén bien hinchadas.
3. Para obtener un dorado intenso, las facturas se pueden pintar con huevo batido antes de ser cocinadas.
4. Otra forma de presentarlas más atractivas es llevarlas al horno sin pintar y, apenas se retiren del horno, pincelarlas con manteca derretida, para que queden lustrosas.
5. La cocción debe hacerse siempre en horno caliente.

Masa de hojaldre

Ingredientes

Harina, 225 gramos
Manteca, 225 gramos
Sal, una pizca
Agua, 115 cm³ (1/2 taza
aproximadamente)

Preparación

Masa de agua

1. Tamizar la harina junto con la sal sobre la mesa.
2. Hacer un hueco en el centro y colocar en él una cucharada de la manteca indicada. Amasar mientras se incorpora de a poco el agua, hasta obtener una masa muy blanda, casi pegajosa. Trabajarla sobre la mesa hasta que no se note ningún grumo. Lavarse las manos, secárselas y enharinarlas para moldear la masa en forma de bollo.
3. Cubrir la masa y dejar descansar sobre la mesa durante 1/2 hora.

Masa de manteca

1. Amasar la manteca sobre la mesa con una espátula hasta convertirla en "manteca a punto pomada" de consistencia uniforme.
2. Colocar la manteca sobre la mesa enharinada, y aplastándola con la espátula también enharinada, achatarla y darle forma cuadrada de 1/2 cm de espesor.
3. Colocar en la heladera durante 10 minutos.

Armado de la masa

1. Estirar la "masa de agua" sobre la mesa enharinada, dejándola de 1/2 cm de espesor y cuadrada.
2. Colocar el cuadrado de la masa de manteca en el centro del cuadrado de la "masa de agua" como un sobre.
3. Cubrir la manteca plegando hacia el centro cada vértice de la masa de agua como si armara un sobre.
4. Presionar las uniones con el palote para que no se filtre la manteca.

Dobleces

1. Enderezar el "sobre" y estirar con el palote enharinado sobre una mesa también enharinada dándole forma de rectángulo largo y angosto de 1/2 cm de espesor.
2. Doblar en tres. Presionar los extremos con el palote.
3. Hacer girar la masa 90°, de modo que los extremos abiertos queden a sus costados.
4. Volver a estirar la masa en forma de rectángulo largo, angosto y delgado.
5. Doblar en tres.
6. Envolver la masa en una bolsa de polietileno y dejar descansar en la heladera 30 minutos.
7. Volver a colocar la masa sobre la mesa de modo que los extremos abiertos queden a sus costados. Estirar de nuevo en forma de rectángulo largo, angosto y delgado. Doblar en tres
8. Hacer girar la masa 90° y repetir la operación tres veces más de modo que en total habrá realizado seis dobleces a la masa.
9. Si hiciera calor, dejar descansar la masa en la heladera durante unos 10 minutos luego de cada doblez.

Imitación de masa de hojaldre

Ingredientes

Queso crema, 6 cucharadas
Manteca fría, 6 cucharadas
Harina, 6 cucharadas

Preparación

1. Cortar sobre la mesada la manteca junto con la harina con la ayuda de dos cuchillos hasta obtener un granulado fino.
2. Colocar el granulado en un bol. Agregar el queso crema y mezclar con la ayuda de un tenedor hasta obtener un bollo. No debe trabajarse con las manos.
3. Volcar sobre la mesada enharinada y aplastar la masa con una espátula enharinada, cortando y superponiendo las partes hasta lograr unirla y darle forma de pan de manteca grande.
4. Colocar la masa en la heladera hasta que alcance consistencia.
5. Tomar pequeños trozos y forrar tarteletas con esta masa o estirarla sobre una mesada enharinada y cortar con cortapastas formas chicas para hacer galletitas con base de hojaldre.

Masa crocante para tartas o tarteletas

Ingredientes

Manteca, 100 gramos
Yemas, 1
Azúcar, 2 cucharadas
Vinagre, 1 cucharada
Agua fría, 1 cucharada
Ralladura de limón o esencia de vainilla, a gusto
Harina, 1 taza y cantidad extra necesaria

Preparación

1. Colocar la manteca, la yema, el azúcar, el vinagre, el agua y la ralladura de limón o esencia sobre la mesa.
2. Aplastar los ingredientes con un tenedor hasta obtener una pasta.
3. Incorporar rápidamente la taza de harina y unir todo en un bollo liso y tierno. Si se pegotea, agregar un poco de harina adicional.

Masa bomba

Ingredientes

Agua, 1 taza
Harina, 1 taza
Sal, una pizca
Manteca, 70 gramos
Huevos, 4

Preparación

1. Ubicar el agua, la sal y la manteca en una cacerola. Llevar al fuego hasta que hierva.
2. Cuando el agua rompa el hervor, agregar de golpe la harina mientras se revuelve rápidamente la preparación con cuchara de madera hasta que se forme una pasta espesa que se desprenda fácilmente de las paredes y del fondo de la cacerola.
3. Retirar la cacerola del fuego y volcar la masa en un bol. Dejar entibiar.
4. Añadir los huevos, de a uno, a la masa batiendo muy bien después de cada adición.

Para preparar bombitas: una vez incorporados los huevos, colocar la masa bomba en una manga con boquilla lisa o rizada del tamaño adecuado (al cocinarse las bombitas aumentan dos o tres veces su tamaño inicial). Trazar copos espaciados entre sí sobre placas enmantecadas y enharinadas. Cocinar las bombitas en horno muy caliente primero, hasta que se inflen bien, y luego continuar la cocción a fuego mínimo hasta que se sequen y se doren.

Esponja de levadura

1. Disolver la levadura prensada (cantidad indicada en receta) en 3/4 de taza de agua tibia junto con 1 cucharadita de azúcar y 1 cucharada de harina
2. Batir hasta que se formen globos en la superficie
3. Cubrir y dejar en algún sitio tibio hasta que la levadura fermente y alcance la apariencia de una esponja.
4. Emplear como indique la receta.

Masa hojaldrada para tartas

Ingredientes

Harina, 1 y 1/4 de taza

Sal, una pizca

Polvo para hornear,
1 cucharadita

Manteca o margarina, bien fría,
100 gramos

Agua helada, 1/4 de taza

Preparación

1. Tamizar la harina con la sal y el polvo de hornear.

2. Agregar la manteca o margarina y cortar todo con dos cuchillos hasta que la manteca quede granulada.

3. Rociar el granulado con el agua helada y unir los ingredientes presionándolos con los dedos hasta obtener una masa de textura irregular. Esta masa no debe trabajarse mucho con las manos, para evitar que el calor de las mismas derrita la manteca.

4. Mantener la masa en la heladera, envuelta en film de polietileno, hasta el momento de utilizar.

Pasta básica para panqueques

(para popovers y otros panecillos similares)

Ingredientes

Huevos, 2

Sal, 1/2 cucharadita

Harina, 1 taza

Leche, 1 taza

Manteca derretida, 1 cucharada

Manteca extra, para cocinarlos

Preparación

1. Colocar los huevos en un bol, sazonarlos con la sal y batirlos con batidor de alambre hasta que no se note la clara.

2. Incorporar 1/3 de la harina y batir hasta obtener un engrudo liso.

3. Ablandarlo con un poco de leche.

4. Seguir agregando de este modo el resto de la harina y de la leche, en forma alternada, a fin de evitar la formación de grumos.

5. Añadir la manteca derretida y batir enérgicamente hasta que la superficie de la pasta se llene de globitos.

6. Cubrir y dejar reposar durante 1/2 hora antes de utilizarla.

Batido de bizcochuelo

(para princesas)

Ingredientes

Huevos, 6
Azúcar, 6 cucharadas gordas
Harina, 6 cucharadas
Esencia de vainilla, a gusto

Preparación

1. Colocar el azúcar y los huevos en el bol de la batidora.
2. Batir hasta alcanzar "punto letra".
3. Volcar el batido en un bol y perfumar con la esencia.
4. Tamizar la harina sobre el batido (en tres veces) mientras se mezcla suavemente con una espátula, con movimientos envolventes, a fin de airear la preparación.
5. Volcar en un molde enmantecado y enharinado de tamaño adecuado de modo que la preparación llegue hasta los 2/3 de su altura.
6. Cocinar en horno moderado hasta que la superficie esté dorada y comience a desprenderse de las paredes del molde. Para cerciorarse de que el bizcochuelo esté cocido, clavar un palito de brocheta . Si al retirarlo no tiene adherencias, el bizcochuelo ya estará cocido. Si se observan adherencias, dejarlo cocinar más tiempo.
7. Una vez cocido, retirar del horno y desmoldar sobre una rejilla.

Capítulo 2

El pan de cada día

Capítulo 2

El pan de cada día

Pan lactal

Ingredientes

Levadura prensada, 1 cucharada colmada

Agua tibia, 1/4 de taza

Yemas, 2

Claras, 2

Margarina o manteca derretida, 100 gramos

Leche tibia, 1/2 taza

Harina, 2 tazas

Azúcar, 2 cucharadas

Sal, 1 cucharadita

Preparación

1. Disolver la levadura en el agua tibia. Colocarla en un bol.
2. Añadirle las yemas, la margarina y la leche tibia.
3. Batir la mezcla con la mano abierta mientras se incorpora la harina, el azúcar y la sal.
4. Cubrir el preparado dejándolo en un sitio tibio y esperar hasta que duplique su volumen y se transforme en una esponja.
5. Batir la esponja fuertemente hasta que la preparación se achate y ablande.
6. Agregarle las dos claras batidas a nieve.
7. Volcar la preparación en un molde tipo budín ingles, enmantecado y enharinado, de tamaño tal que la preparación cubra la mitad.
8. Cubrir y esperar hasta que la preparación asome por el borde del molde.
9. Cocinar en horno moderado hasta lograr una corteza dorada y crujiente.

Pancitos Parker House

Ingredientes

Leche caliente, 2 tazas

Azúcar, 1/4 de taza y 1 cucharadita adicional

Sal, 3/4 de cucharadita

Margarina, 1 cucharada

Levadura prensada, 50 gramos

Agua tibia, 1/2 taza

Harina, cantidad necesaria (aproximadamente 1 kilo)

Manteca derretida, cantidad necesaria

Preparación

1. Agregar 1/4 de taza de azúcar, la sal y la cucharada de margarina a la leche caliente. Revolver hasta que la margarina y el azúcar se disuelvan. Dejar entibiar.

2. Aparte disolver la levadura junto con la cucharadita de azúcar en el agua tibia. Dejar fermentar.

3. Apenas la leche esté tibia, agregarle la levadura fermentada y, mientras se bate con la mano abierta, incorporar de a poco toda la harina hasta formar un bollo que se desprenda de las paredes y del fondo del bol.

4. Volcar la masa sobre la mesada y amasarla hasta obtener un bollo liso.

5. Colocar la masa en un bol y pintar la superficie con manteca derretida. Cubrir con una bolsa de polietileno de modo que quede floja y estacionar en la heladera por lo menos durante 2 horas.

6. Retirar la masa de la heladera, dividirla en pequeñas porciones y darles forma de "chips" o "pancitos de viena".

7. Distribuir los pancitos en placas enmantecadas y enharinadas, espaciados entre sí, cubrir con un lienzo y dejarlos en un sitio tibio hasta que estén bien levados.

8. Cuando hayan duplicado su volumen, salpicarlos con agua fría y cocinarlos en horno bien caliente hasta dorarlos bien.

9. En cuanto se retiren del horno, pintar con manteca derretida.

Masa básica de pizza fácil

Ingredientes

Harina, 1 kilo
Levadura prensada, 50 gramos
Aceite, 2 cucharadas
Sal, una cucharadita
Agua tibia, ½ taza

Preparación

1. Disolver la levadura en el agua tibia hasta no dejar ningún grumo. Agregar una cucharadita de azúcar y dejar reposar unos segundos.

2. En un bol o cacerola grande disponer la harina junto con la sal y las dos cucharaditas de aceite.

3. Agregar la levadura paulatinamente y revolver con una cuchara de madera mezclando los ingredientes lo más posible sin utilizar las manos hasta obtener una masa desmenuzada. Recién en ese momento utilizar las manos para obtener una masa semilisa y terminar el amasado en

una mesada (preferentemente de madera, ya que el mármol u otro material enfriaría la masa retardando el proceso de leudado).

4. Una vez obtenida una masa firme y elástica, disponerla en un bol, cubrirla con un lienzo y dejar reposar durante 20 minutos hasta duplicar su volumen (si el clima no acompaña colocar la masa cerca de una fuente tibia de calor).

5. Una vez obtenido el primer leudado, formar un cilindro con la masa y dividir en bollos (al menos cuatro si el leudado tuvo éxito). Dejar reposar los bollos unos 10 minutos más cubiertos en un bol. Espolvorear cada bollo con un poco de harina.

6. Estirar los bollos sobre las pizzeras.

7. Cocinar en horno caliente.

Formas de estirar la masa

Forma tradicional

Colocar sobre una pizzera previamente aceitada un bollo en el centro. Comenzar a estirar la masa con la yema de los dedos del centro hacia afuera hasta llegar a los bordes.

Con palote

Estirar con el palote cada bollo de manera uniforme hasta lograr una dimensión del tamaño de la pizzera. Luego colocar la pizzera boca abajo sobre la masa y recortar los bordes. Disponer la masa estirada en la pizzera apenas aceitada y golpear suavemente la masa con la punta de los dedos. Esta forma de estirar la masa da como resultado una pizza media masa y más crocante.

Para máquina de pan

Podrá preparar la mitad de la preparación, es decir, la masa para dos pizzas. Colocar en el recipiente los ingredientes en el orden adecuado para la máquina: ingredientes líquidos, materias grasas, ingredientes secos y, por último, levadura. La máquina realizará los pasos 1 a 4. Programa: masa.

Pan de pizza

Ingredientes

Masa de pizza, cantidad necesaria

Manteca derretida, cantidad necesaria

Orégano, a gusto

Condimento para pizza, a gusto

Ajo, 1 diente

Sal, a gusto

Preparación

1. Colocar la manteca, la sal y el diente de ajo entero y pelado en una cacerolita.
2. Derretir la manteca a bañomaría sobre el fuego.
3. Estirar un trozo de masa de pizza lo más fina posible.
4. Untarla con la manteca derretida.
5. Espolvorear con orégano y condimento para pizza.
6. Enrollar la masa formando un cilindro. Enroscar el cilindro en forma de espiral y dejar levar.
7. Estirar la espiral de masa hasta formar un círculo del tamaño de una pizza. Ubicar en una pizzera aceitada y dejar levar apenas.
8. Cocinar en horno bien caliente y retirar en cuanto se dore. Cortar en trozos triangulares, como si fueran porciones de pizza, y servir caliente en una panera. Es ideal para acompañar dips de copetín, picadas o para reemplazar el pan. Antes de meterlo en el horno, espolvorearlo con queso rallado o en hebras.

Popovers

Ingredientes

Pasta básica para panqueques (ver receta básica), cantidad necesaria

Manteca, cantidad necesaria

Preparación

1. Enmantecar los moldes para "muffins" (similares a los del flan, pero más anchos y bajos; se consiguen en placas).
2. Llenar hasta la mitad con la pasta de panqueques.
3. Colocar en horno caliente y hornear durante 15 minutos (crecerán el doble o el triple).
4. Abrir la puerta del horno y cerrarlo fuertemente de golpe.
5. Disminuir la llama del horno al mínimo y dejar cocinar aproximadamente durante 10 minutos más.

Pan fácil

Ingredientes

Harina, 2 tazas
Levadura en polvo, 10 gramos
(1 sobre)
Manteca, 40 gramos y
cantidad adicional
Sal, 1/2 cucharadita
Agua tibia, 250 cm³

Preparación

1. Tamizar la harina junto con la levadura y la sal, y colocar en un bol.
2. Incorporar la manteca bien fría. Cortarla hasta reducirla gránulos.
3. Añadir el agua de a poco mientras se mezcla con un tenedor para evitar tocar la masa con las manos.
4. Volcar la preparación en una mesada enharinada y unir todo sin amasar hasta obtener un bollo.
5. Dar a la masa forma de pan y colocar en un molde redondo enmantecado y enharinado.
6. Practicar algunos cortes en la superficie y dejar levar cubierto hasta que duplique su volumen.
7. Cocinar en horno caliente hasta que esté apenas dorado.
8. Retirar del horno, pintar con manteca derretida y terminar la cocción.

Pan de maíz y morrones

Ingredientes

Harina, 1 y 1/4 tazas
Harina de maíz, 1/2 taza
Polvo para hornear, 1 cucharadita
Bicarbonato de sodio,
1 cucharadita
Sal, 1/2 cucharadita
Leche, 1 taza
Huevo, 1
Morrón rojo asado, 1
Aceite, para untar

Preparación

1. Quitarle la piel y las semillas al morrón asado, y luego picarlo finamente. Reservar.
2. Tamizar la harina de trigo junto con el polvo para hornear, la sal y el bicarbonato.
3. Añadir la harina de maíz.
4. Colocar los ingredientes secos en un bol y realizar un hueco en el centro. Ubicar la leche, el huevo y el morrón picado en el hueco.
5. Mezclar todos los ingredientes muy bien hasta obtener un bollo.
6. Aceitar una tortera. Verter la preparación en su interior.
7. Llevar a horno caliente durante 30 minutos aproximadamente.
8. Desmoldar sobre una rejilla y dejar enfriar bien antes de cortar.

Panecillos de amapola y sésamo

Ingredientes

Levadura prensada, 30 gramos

Azúcar, 1/4 de taza

Agua tibia, 1 taza

Manteca, 25 gramos

Sal, 1 cucharadita

Huevo batido, 1

Harina, 1 y 3/4 tazas

Yema de huevo batida con agua, para pintar

Semillas de amapola y sésamo, a gusto

Preparación

1. Disolver la levadura en el agua tibia junto con 1 cucharadita de azúcar y 1 cucharada de harina.

2. Batir con batidor de alambre hasta que se formen globos en la superficie.

3. Cubrir y dejar levar en lugar tibio hasta que se forme la esponja de levadura.

4. Colocar la levadura en un bol grande. Añadirle el cuarto de taza de azúcar, la manteca, la sal, el huevo batido y la harina.

5. Mezclar todo hasta obtener un bollo.

6. Volcar la masa sobre la mesada enharinada y amasar enérgicamente hasta obtener un bollo liso y elástico.

7. Ubicar la masa en un recipiente, cubrir con polietileno y guardar en la heladera hasta el momento de utilizar.

8. Para hacer los panecillos, retirar la masa de la heladera y dar forma de bolita a pequeñas porciones.

9. Colocar sobre placas enmantecadas y enharinadas y dejar levar los bollos. Los panecillos deben estar un poco separados unos de otros pues crecen al levar.

10. Cuando hayan duplicado su volumen, preparar una mezcla de yemas y agua, y pincelar la superficie.

11. Espolvorear algunos panecillos con semillas de sésamo y otros con semillas de amapola.

12. Cocinar en horno bien caliente hasta que estén dorados.

Pan casero

Ingredientes

Levadura prensada, 50 gramos
Agua tibia, 1/2 taza
Crema de leche, 1/2 taza
Azúcar, 2 cucharadas
Sal, 1 cucharadita
Manteca blanda, 50 gramos
Huevos, 2
Harina, 1 kilo

Preparación

1. Disolver la levadura en el agua tibia junto con las cucharadas de azúcar y 1 cucharada de harina.
2. Batir la mezcla con batidor de alambre hasta que forme globos.
3. Cubrir y dejar en lugar templado para que se convierta en una esponja.
4. Colocar la esponja en un bol junto con la crema de leche, la manteca y los huevos.
5. Airear la masa levantándola con la mano abierta durante bastante tiempo. La mezcla debe quedar pegajosa.
6. Cubrir y dejar en lugar tibio hasta que duplique su volumen.
7. Descubrir y airear nuevamente con la mano abierta mientras se incorpora la harina. Se debe obtener una masa tierna que se desprenda del bol, pero que quede pegajosa y blanda.
8. Verter en un molde con forma de anillo previamente enmantecado y enharinado (o en una budinera grande), de modo tal que la preparación llegue sólo hasta la mitad del molde. Si los moldes son chicos, usar dos.
9. Cubrir y dejar en lugar tibio hasta que alcance el borde del molde.
10. Cocinar primero en horno suave y luego en horno fuerte hasta que la masa quede cocida y suavemente dorada.

Pan de campo

Ingredientes

Sal, 2 cucharaditas
Grasa, 2 cucharadas
Azúcar, 1 cucharada

Leche tibia, 2 tazas
Levadura, 40 gramos
Harina, cantidad necesaria

Preparación

1. Preparar la esponja de levadura añadiendo 1/2 taza de leche tibia, el azúcar y 1 cucharada de harina a la levadura. Dejar que leve en lugar tibio hasta que se forme la esponja.

2. Aparte colocar la grasa blanda, la sal y el resto de la leche tibia en un bol.

3. Incorporar la esponja de levadura y mezclar bien.

4. Añadir la harina suficiente como para que se forme un bollo muy tierno y blando.

5. Volcar sobre una mesada enharinada y amasar de 15 a 20 minutos hasta obtener una masa elástica y lisa.

6. Colocar cubierto en un recipiente para que leve.

7. Volver a colocar la masa en la mesada, amasarla durante un buen rato y luego ubicar dentro de un molde para torta enmantecado y enharinado.

8. Practicar cortes cruzados en la parte superior con un cuchillo muy filoso.

9. Dejar levar hasta que duplique su volumen.

10. Cocinar en horno caliente hasta que la corteza esté dorada y el centro cocido.

■■■■■■■■■■■■■■■■■■■■■■■■■■■■■■■

Pan con chicharrones

Ingredientes

Grasa de pella, 1 kilo

Sal, 2 cucharaditas

Grasa de pella (un resto), 2 cucharadas

Azúcar, 1 cucharada

Leche tibia, 2 tazas

Levadura, 40 gramos

Harina, cantidad necesaria

Preparación

1. Cortar la grasa de pella en trocitos. Cocinarla a fuego mediano con un pocillo de leche hasta que se derrita. Quedarán trocitos sólidos crocantes, es decir, los chicharrones. Escurrirlos, picarlos y reservarlos. Dejar enfriar la grasa para utilizar dos cucharadas en el pan.

2. Preparar la esponja de levadura añadiendo a la levadura 1/2 taza de leche tibia, 1 cucharada de harina y el azúcar. Dejar levar en lugar tibio hasta que se forme la esponja. Aparte colocar la grasa blanda, la sal y el resto de la leche tibia en un bol.

3. Incorporar la esponja de levadura y mezclar bien.

4. Añadir la harina suficiente como

para que se forme un bollo muy tierno y blando. Incorporar los chicharrones picados.

5. Volcar sobre una mesada enharinada y amasar de 15 a 20 minutos hasta obtener una masa elástica y lisa.

6. Colocar cubierto en un recipiente a levar.

7. Volver a ubicar la masa en la mesada, amasarla durante un buen rato y luego colocar dentro de un molde grande para budín inglés enmantecado y enharinado.

8. Dejar levar hasta que duplique su volumen.

9. Cocinar en horno caliente hasta que la corteza esté dorada y el centro cocido.

■■■■■■■■■■■■■■■■■■■■■■■■■■■■■

Chips

Ingredientes

Harina, 600 gramos
Yemas, 4
Azúcar, 5 cucharadas
Sal, 1 cucharada
Levadura de cerveza, 50 gramos
Manteca, 150 gramos
Extracto de malta, 1 cucharada
Leche tibia, 1/2 taza
Fécula de maíz, 1 cucharada

Preparación

1. Disolver la levadura en 1/2 taza de leche tibia.

2. Aparte batir la manteca hasta que esté muy blanda. Incorporar las yemas de a una por vez.

3. Añadir la cucharada de extracto de malta, la levadura disuelta en leche, el azúcar y la sal a la preparación. Mezclar bien con una cuchara de madera.

4. Incorporar de a poco la harina y mezclar hasta obtener un bollo tierno.

5. Volcar el bollo sobre la mesada y amasarlo un corto tiempo.

6. Cubrir y dejar levar en un lugar tibio.

7. Tomar porciones de masa, realizar bollos y luego alargarlos. Ubicarlos en placas enmantecadas y enharinadas.

8. Cocinarlos hasta que estén dorados.

9. Cuando se retiren del horno, pintar los chips con una mezcla de 1/2 taza de agua y 1 cucharada de fécula de maíz.

Pan campesino

Ingredientes

Harina de trigo, 200 gramos
Harina integral, 70 gramos
Agua, 150 cm³
Sal, 1/2 cucharadita
Levadura de cerveza, 10 gramos

Preparación

1. Disolver la levadura en un poco de agua tibia.
2. Añadir los dos tipos de harina y los demás ingredientes.
3. Mezclar bien para amalgamar todo.
4. Verter sobre una mesada enharinada y amasar bastante hasta obtener un bollo tierno y elástico. Estirar, plegar, desgarrar la masa con los puños, etc. La masa debe quedar muy suave por lo que es necesario un buen amasado.
5. Ubicar el bollo en un bol cubierto y dejar levar en un lugar templado por lo menos durante 45 minutos.
6. Retirar el bollo del bol, amasar (segunda fermentación) y dejar levar nuevamente.
7. Formar un pan, colocarlo en una placa enmantecada y enharinada, y cocinar primero durante 15 minutos en horno fuerte y luego durante 30 minutos más en horno moderado a suave para que termine su cocción.

Para máquina de pan

Colocar en el recipiente los ingredientes en el orden adecuado para la máquina: ingredientes líquidos, materias grasas, ingredientes secos y, por último, levadura. La máquina realizará los pasos 1 a 5. Programa: masa.

Pan de salvado

Ingredientes

Harina integral muy fina,
450 gramos
Harina 0000, 300 gramos
Fructosa, 1/2 cucharadita
Sal, 1 cucharadita
Levadura, 50 gramos
Salvado de trigo, 5 cucharadas
Agua, 6 cucharadas
Margarina, 30 gramos
Agua tibia, cantidad necesaria

Preparación

1. Remojar el salvado en las cucharadas de agua. Reservar.
2. Tamizar cuatro veces las harinas con la fructosa y la sal para aligerarlas.
3. Realizar una corona con los ingredientes secos sobre la mesada.
4. Ubicar la levadura desmenuzada, el salvado remojado y la margarina en el hueco central.
5. Tomar la masa desde el centro hacia afuera añadiendo agua apenas tibia. Debe quedar una masa muy blanda.
6. Con la mesada enharinada, comenzar a amasar la masa de 10 a 15 minutos.
7. Colocar el bollo en un recipiente levemente aceitado, cubrir y dejar levar hasta que duplique su volumen.
8. Volver a ubicar la masa en la mesada enharinada y amasarla durante 10 minutos.
9. Enmantecar y enharinar dos moldes de budín inglés.
10. Dividir el bollo en dos, darle forma de cilindro alargado a cada porción y ubicarlos dentro de los moldes.
11. Dejar levar cubiertos nuevamente hasta que dupliquen su volumen.
12. Practicar a cada pan una incisión en la parte superior y llevar a horno caliente, y luego suave durante aproximadamente 25 minutos.

Para tener en cuenta: para que estos panes obtengan una miga bien húmeda conviene colocar una asadera con agua en el piso del horno.

Pan de cebolla

Ingredientes

Masa básica para pan,
500 gramos
Cebolla picada, 1 y 1/2
Manteca, 50 gramos
Leche, un pocillo

Preparación

1. Realizar la masa básica para pan adicionándole un pocillo de leche.

2. Cortar finamente la cebolla y apenas rehogar en manteca.

3. Mezclar la cebolla con la masa presionando fuertemente con los dedos para lograr que se integren.

4. Dejar leudar en un sitio tibio durante 10 minutos.

5. Retirar y cortar en pequeños bollos. Dejar leudar nuevamente hasta que dupliquen su tamaño.

6. Llevar al horno precalentado en placas enmantecadas hasta que estén bien dorados.

Pan negro

Ingredientes

Harina, 1 cucharadita
Levadura prensada, 25 gramos
Agua tibia, 1/4 de taza
Sal, 1 cucharada
Azúcar, 1 cucharadita
Harina integral, 2 tazas
Azúcar negra, 1/2 taza
Manteca derretida,
3 cucharadas
Harina de trigo, 2 tazas
Agua tibia, 2 tazas
aproximadamente (según la
absorción de la harina elegida)

Preparación

1. Colocar el agua tibia, la sal, el azúcar negra y la manteca derretida en un bol. Mezclar bien con un batidor de alambre hasta disolver el azúcar y homogeneizar la mezcla.

2. Disolver la levadura prensada en agua tibia hasta quitarle todos los grumos. Agregar una cucharadita de azúcar y otra de harina. Mezclar bien y dejar reposar hasta que se haga una espuma en la base. Una vez fermentada, añadir a la preparación mencionada en el punto 1.

3. Mezclar bien la harina de trigo con la harina integral e

incorporarla a la preparación en forma de lluvia mientras se revuelve. Mezclar hasta formar un bollo firme que no se pegue al bol.

4. Terminar de amasar el bollo en la mesa enharinada. La masa debe quedar elástica y no debe pegarse a los dedos. Si hiciera falta, adicionar más harina o agua según la necesidad

5. Una vez logrado el amasado, dejar reposar el bollo en un lugar tibio cubriendo el bol con un paño.

6. Una vez duplicado el volumen del bollo, disponer sobre un molde de budín inglés de modo que la masa llegue hasta la mitad.

7. Colocar el molde cubierto por un lienzo cerca de una fuente de calor tibia y dejar leudar hasta que la masa llegue hasta la superficie del molde.

8. Llevar a horno caliente en principio, luego bajar la graduación del fuego hasta que se dore bien y esté bien seco.

9. Dejar enfriar bien antes de cortar.

Pan especiado

Ingredientes

Harina, 4 tazas

Huevos, 4

Manteca derretida, 200 gramos

Leche tibia, 1 taza

Azúcar, 3 cucharadas

Sal, 1/2 cucharada

Agua tibia, 1/2 taza

Levadura de cerveza, 2 cucharadas

Ajo deshidratado, 1/2 cucharada

Orégano, 1 cucharada

Tomillo, 1/2 cucharada

Aceite, 1 y 1/2 cucharadas

Preparación

1. Mezclar el aceite con el ajo deshidratado, el orégano y el tomillo. Dejar hidratar.

2. Pasar la harina junto con el azúcar y la sal dos veces por el tamiz. Reservar.

3. Aparte disolver la levadura en el agua tibia hasta eliminar todos los grumos (el agua debe estar apenas tibia).

4. Separar las claras de las yemas.

5. Batir las claras a punto nieve con una pizca de sal.

6. En un bol grande batir las yemas con batidor de alambre y agregar de a poco la manteca derretida. Mezclar bien.

7. Añadir a la preparación la

levadura diluida, la leche, los ingredientes sólidos tamizados, las claras batidas a nieve y el aceite con especias.

8. Mezclar bien cuidadosamente los ingredientes hasta obtener una pasta lisa.

9. Mantener en el mismo bol en un lugar tibio cubierto con un lienzo hasta duplicar su tamaño.

10. Una vez duplicado el volumen, batir nuevamente y colocar en un molde de budín inglés de modo que la pasta llegue hasta la mitad.

11. Dejar leudar bien hasta que la masa llegue hasta la superficie del molde

12. Cocinar en horno caliente hasta que el pan esté dorado y seco.

■■■■■■■■■■■■■■■■■■■■■■■■■■■■■■■■■■

Baguettes

Ingredientes

Masa básica de pan 1 (ver recetas básicas), cantidad indicada en la receta

Harina, cantidad necesaria

Preparación

1. Dividir la masa en dos y formar dos *baguettes* similares a los conocidos panes franceses. Enrollar la masa en forma de cilindro y afinarla en los extremos.

2. Cubrir la masa y dejarla levar durante 40 minutos.

3. Con un cuchillo bien afilado realizar dos cortes profundos y paralelos en la parte superior de la *baguette*, a 5 cm uno de otro, sin llegar a los extremos. Dejar levar.

4. Enharinar las *baguettes* y colocarlas en placas enmantecadas y enharinadas.

5. Llevarlas al horno a fuego fuerte y cocinarlas durante 15 minutos.

6. Pintarlas con agua para que se tornen más crocantes, y dejarlas en el horno durante 5 minutos más.

7. Retirar del horno y dejar enfriar bien antes de cortar.

Baguettes vienesas

Ingredientes

Harina, 500 gramos
Levadura, 20 gramos
Azúcar, 15 gramos
Agua, 300 cm³
Manteca blanda, 15 gramos
Leche en polvo, 15 gramos
Sal, 1 cucharadita
Yema de huevo, 1

Preparación

1. Colocar la levadura en un bol y diluirla con un poco de agua tibia.
2. Trabajar la manteca blanda en otro bol hasta obtener una pomada.
3. Ubicar la harina en forma de corona sobre la mesa.
4. Ubicar la levadura disuelta, la sal, el azúcar y la leche en el centro. Trabajar los ingredientes hasta obtener un bollo tierno.
5. Incorporar a la masa la manteca a punto pomada y seguir amasando un buen rato hasta integrarla toda.
6. Cortar la masa en cuatro partes y formar una *baguette* con cada una de ellas.
7. Dejar levar en placas enmantecadas y enharinadas hasta que dupliquen su volumen.
8. Realizar cortes oblicuos paralelos a lo largo de la parte superior.
9. Pincelar con la yema batida con un poco de agua.
10. Cocinar en horno fuerte durante 25 minutos aproximadamente.

Fugazzas

Ingredientes

Harina, 500 gramos
Levadura prensada, 20 gramos
Sal, 1 cucharadita
Aceite, 6 cucharadas
Agua tibia, 300 cm³

Preparación

1. Disolver la levadura en un bol grande con 30 cm³ de agua.
2. Añadirle tres cucharadas de aceite, la harina y la sal.
3. Mezclar todo muy bien.
4. Verter sobre la mesada y amasarla. La masa debe quedar chirle, pero no pegajosa.

5. Hacer un bollo y dejarlo descansar cubierto durante 10 minutos.

6. Limpiar bien un bol y aceitarlo.

7. Colocar el bollo en el bol y pincelarlo también por arriba con aceite.

8. Cubrir con un lienzo y dejar levar durante dos horas en lugar templado.

9. Cuando haya duplicado su volumen, volcar sobre la mesada enharinada y amasar. Formar un pan ovalado de 30 cm de longitud o varios panecillos.

10. Ubicar sobre placas enmantecadaas y enharinadas.

11. Cubrir con un lienzo y dejar levar nuevamente hasta que esté bien levado.

12. Practicar cortes con un cuchillo filoso.

13. Llevar a horno caliente durante 25 minutos o hasta que estén cocidas y apenas doradas.

Para máquina de pan

Colocar en el recipiente los ingredientes en el orden adecuado para la máquina: ingredientes líquidos, materias grasas, ingredientes secos y, por último, levadura. La máquina realizará los pasos 1 a 8. Programa: masa.

Pan de salvado

Ingredientes

Harina de trigo, 300 gramos
Salvado de trigo, 50 gramos
Levadura, 15 gramos
Agua, 200 cm³
Sal, 1/2 cucharadita

Preparación

1. Colocar la levadura en un recipiente y diluirla con un poco de agua tibia.

2. Agregar enseguida los demás ingredientes.

3. Mezclar hasta obtener un bollo que se despegue del bol.

4. Volcar sobre la mesada enharinada y amasar durante 15 minutos.

5. Cubrir con un lienzo y dejar levar aproximadamente 30 minutos a temperatura ambiente hasta que leve.

6. Formar dos panes. Colocarlos sobre una placa enmantecada y enharinada, cubrirla con un lienzo y dejarla levar nuevamente alrededor de 1 hora.

7. Cocinar en horno caliente durante 30 minutos aproximadamente.

Para máquina de pan

Colocar en el recipiente los ingredientes en el orden adecuado para la máquina: ingredientes líquidos, materias grasas, ingredientes secos y, por último, levadura. La máquina realizará los pasos 1 a 5. Programa: masa.

Pan de yogur

Ingredientes

Harina de trigo 0000, 500 gramos
Yogur natural, 250 gramos
Levadura, 25 gramos
Sal, 1 cucharadita
Aceite, 2 cucharadas
Agua, 2 cucharadas

Preparación

1. Colocar la harina previamente tamizada, la levadura, y el yogur en un bol grande.

2. Agregar la sal, el agua y el aceite.

3. Mezclar bien hasta obtener una masa.

4. Colocar sobre la mesada y amasar durante 10 minutos.

5. Dejar descansar la masa cubierta en lugar templado hasta que leve.

6. Volcar la masa sobre mesada enharinada y trabajarla nuevamente amasándola (segunda levada).

7. Dejarla reposar cubierta hasta que se hinche bien (aproximadamente 15 minutos).

8. Dividir la masa en cuatro bollos.

9. Colocarlos en placas enmantecadas y enharinadas, y dejarlos levar hasta que estén bien hinchados.

10. Practicar cortes en la superficie, espolvorearlos con harina y llevarlos a horno caliente durante 40 minutos.

Pan con panceta

Ingredientes

Panceta cortada en trocitos, 100 gramos
Levadura, 20 gramos
Agua, 300 cm³
Harina, 500 gramos
Pimienta, a gusto

Preparación

1. Colocar la levadura en un recipiente y disolverla en un poco de agua tibia.
2. Agregar 100 gramos de harina. Mezclar y dejar levar hasta que se forme una esponja de levadura.
3. Añadir el resto del agua, la harina, la sal y la pimienta, y mezclar bien.
4. Amasar bien sobre mesada enharinada y dejar levar cubierto aproximadamente durante 20 a 30 minutos.
5. Tomar nuevamente el bollo, agregarle los trocitos de panceta. Amasar hasta que se unifiquen con la masa y se distribuyan bien.
6. Formar un pan y ubicarlo en una placa enmantecada y enharinada.
7. Cubrir con un lienzo y dejar levar hasta que dupliquen su volumen.
8. Cocinar en horno caliente durante 40 minutos aproximadamente.

Para máquina de pan

Colocar en el recipiente los ingredientes en el orden adecuado para la máquina: ingredientes líquidos, materias grasas, ingredientes secos y, por último, levadura. La máquina realizará los pasos 1 a 5. Programa: masa.

Pan de centeno

Ingredientes

Harina de centeno, 300 gramos
Harina de trigo, 200 gramos
Sal, 1 cucharadita
Agua, 300 cm³
Levadura, 20 gramos

Preparación

1. Colocar la levadura en un bol. Diluirla en un poco de agua tibia.
2. En otro bol grande, diluir la sal con otro poco de agua. Agregar las dos clases de harina, el resto del agua y mezclar bien.
3. Incorporar la levadura disuelta y seguir mezclando hasta obtener un bollo.
4. Verter sobre la mesada enharinada y amasar la masa trabajándola por lo menos durante 15 minutos hasta que esté elástica.
5. Colocar el bollo en un bol y dejar levar cubierto hasta que esté bien levado (30 minutos aprox.).
6. Colocar la masa nuevamente en la mesa y amasarla bien. Ubicarla en una placa enmantecada y enharinada.
7. Cubrirla y dejarla levar (segunda fermentación) hasta que esté bien hinchada.
8. Cocinar en horno fuerte durante 30 minutos.

Para máquina de pan

Colocar, en el recipiente, los ingredientes en el orden adecuado para la máquina: ingredientes líquidos, materias grasas, ingredientes secos y, por último, levadura. La máquina realizará los pasos 1 a 5. Programa: masa.

Pan de maíz

Ingredientes

Harina de trigo, 350 gramos
Harina de maíz, 150 gramos

Sal, 1 cucharadita
Agua tibia, 300 cm³
Levadura de cerveza, 20 gramos

Preparación

1. Colocar la levadura en un bol grande y disolverla con un poco de agua tibia.
2. Añadirle 50 gramos de harina y batir a mano abierta.
3. Dejar levar hasta que se forme una esponja.
4. Verter el resto del agua, las dos clases de harina y la sal en el recipiente, y mezclar bien.
5. Volcar sobre la mesada y amasar enérgicamente hasta obtener una masa lisa y elástica.
6. Ubicarla en un bol cubierto y dejar levar.
7. Volcar el bollo en la mesada enharinada y separarlo en dos partes.
8. Amasar un poco cada bollo y darle forma de huso.
9. Ubicar en placas enmantecadas y enharinadas, cubrir y dejar levar nuevamente.
10. Llevar a horno caliente aproximadamente 30 minutos.

Para máquina de pan

Colocar en el recipiente los ingredientes en el orden adecuado para la máquina: ingredientes líquidos, materias grasas, ingredientes secos y, por último, levadura. La máquina realizará los pasos 1 a 6. Programa: masa.

Pan italiano

Ingredientes

Harina de trigo, 300 gramos
Levadura, 15 gramos
Agua, 150 cm³
Sal, 1 cucharadita
Aceite de oliva, 4 cucharadas

Preparación

1. Disolver la levadura en un poco de agua tibia.
2. Agregarle la harina, la sal y el aceite. Mezclar bien.
3. Dejar levar cubierto durante 30 minutos.
4. Volcar sobre la mesada enharinada y separar en dos partes.

5. Amasar cada pan enérgicamente hasta obtener bollos lisos y elásticos.

6. Dividir cada bollo en dos y hacerlos rodar para obtener cilindros.

7. Trenzar los cilindros de a dos para formar dos panes trenzados.

8. Darles forma y ubicarlos en placas enmantecadas y enharinadas.

9. Cubrir y dejar levar nuevamente.

10. Cocinar en horno caliente y luego moderado durante 30 minutos aproximadamente.

Para máquina de pan

Colocar en el recipiente los ingredientes en el orden adecuado para la máquina: ingredientes líquidos, materias grasas, ingredientes secos y, por último, levadura. La máquina realizará los pasos 1 a 3. Programa: masa.

Capítulo 3

Panes y budines dulces
para saborear

Capítulo 3

Panes y budines dulces para saborear

Pan nogado

Ingredientes

Azúcar, 100 gramos
Manteca, 100 gramos
Yemas, 4
Coñac, 1 copita
Nueces molidas, 100 gramos
Harina, 250 gramos
Sal, 1 pizca
Fécula de maíz, 50 gramos
Levadura, 30 gramos

Preparación

1. Formar una esponja de levadura con agua tibia, levadura, una cucharada de azúcar y otra de harina. Dejar que se esponje en lugar tibio, cubierta.
2. Colocar el azúcar y la manteca en un bol. Mezclar hasta unir bien.
3. Agregar las yemas una por vez.
4. Incorporar el coñac y las nueces molidas. Mezclar bien.
5. Tamizar la harina junto con la fécula de maíz y la sal.
6. Adicionar la esponja de levadura y la harina tamizada con los demás ingredientes secos.
7. Volcar la masa sobre la mesada enharinada y amasar bien.
8. Ubicar la masa en un molde de budín inglés grande enmantecado y enharinado. Dejar levar tapado en lugar tibio.
9. Cocinar en horno moderado hasta que esté bien cocido.

Pan dulce español

Ingredientes

Levadura prensada, 50 gramos
Agua tibia, 1/2 taza
Ralladura de 1 limón
Crema de leche, 1/2 taza
Azúcar, 3/4 taza
Manteca blanda, 50 gramos
Huevos, 2
Harina, cantidad necesaria
Fruta abrillantada picada, 1/2 taza
Nueces molidas, 1/2 taza

Preparación

1. Disolver la levadura en el agua tibia junto con una cucharadita de azúcar y una cucharadita de harina.
2. Batir con batidor de alambre hasta que en la superficie se formen globitos.
3. Cubrir y dejar en sitio tibio hasta que fermente y se convierta en una esponja.
4. Mezclar la esponja de levadura con la ralladura de limón, la

crema de leche, el azúcar, la manteca y los huevos mientras se bate con la mano abierta hasta obtener una masa muy blanda.

5. Cubrir y dejar en un sitio tibio hasta que duplique su volumen.

6. Batir nuevamente con la mano abierta mientras se le agregan las frutas abrillantadas picadas y las nueces, más la cantidad de harina necesaria como para obtener una masa que se desprenda del bol.

7. Verter en un molde en forma de anillo, forrado con papel, enmantecado y enharinado, de tamaño tal que la preparación alcance la mitad del molde aproximadamente.

8. Cubrir y dejar en un sitio tibio hasta que duplique su volumen y llegue al borde del molde.

9. Cocinar en horno suave primero y fuerte después, hasta que la masa esté cocida y suavemente dorada.

■■■■■■■■■■■■■■■■■■■■■■■■■■■■

Panecillos con pasas

Ingredientes

Harina, 500 gramos
Levadura prensada, 30 gramos
Leche, 2 tazas
Huevos, 2
Manteca, 150 gramos
Azúcar, 5 cucharadas
Pasas de uva, 70 gramos
Sal, una pizca

Preparación

1. Preparar una esponja de levadura con 1/2 taza de leche tibia, dos cucharadas de harina, dos cucharadas de azúcar y la levadura prensada. Batir los ingredientes con la mano y dejar levar cubierto hasta que se forme la esponja.

2. Calentar la leche con 50 gramos de manteca hasta que la manteca se funda. Dejar entibiar.

3. Colocar la esponja en un bol grande e incorporarle los huevos, la pizca de sal, la harina, el resto de azúcar y la leche. Amasar todo muy bien hasta obtener un bollo blando y tierno.

4. Cubrir y dejar levar hasta que duplique su volumen.

5. Enharinar las pasas de uva.

6. Volcar la preparación en una mesada enharinada, incorporar las pasas y amasar añadiendo la harina necesaria como para convertirla en un bollo tierno, pero que se despegue de las manos. Seguir amasando enérgicamente.

7. Separar la masa en doce a catorce bollitos y dejarlos levar.

8. Una vez levados, ubicarlos en una fuente para horno en la que se habrá colocado el resto de la manteca previamente derretida.

9. Cocinar en horno moderado hasta que estén crocantes de abajo.

10. Servir espolvoreados con azúcar.

Panecillos catalanes

Ingredientes

Manteca, 50 gramos

Agua, 1 taza

Harina, 1 taza

Huevos, 4

Esencia de vainilla, 2 gotas

Sal, una pizca

Ralladura de limón

Azúcar molida, 100 gramos

Preparación

1. Colocar la manteca con el agua en una cacerolita sobre fuego suave.

2. Cuando la preparación hierva, añadir la harina y revolver fuertemente hasta que la masa se desprenda de la cacerola.

3. Esperar hasta que la masa se enfríe y adicionarle los huevos de a uno por vez mezclando bien cada uno.

4. Perfumar con la esencia y agregar la pizca de sal, la ralladura de limón y el azúcar. Unir todo y colocar la preparación en una manga con boquilla lisa.

5. Formar los pancitos sobre placas enmantecadas.

6. Practicar un corte en el centro y cocinar a horno moderado durante 20 minutos aprox. Deben quedar bien secos.

Budín inglés

Ingredientes

Manteca, 120 gramos

Azúcar, 1 taza

Ralladura de 1 limón

Yemas, 4

Nueces, almendras, pasas de uva y frutas abrillantadas, 300 gramos

Coñac, 1/2 taza

Harina leudante, 200 gramos

Claras a nieve, 4

Preparación

1. Macerar las frutas con coñac.

2. Batir la manteca con el azúcar y la ralladura de limón.

3. Agregar las yemas de a una por vez batiendo bien.

4. Unir las frutas previamente maceradas.

5. Agregar la harina leudante.

6. Adicionar la mitad de las claras a nieve. Mezclar suavemente con una espátula.

7. Unir el resto de las claras mezclando suavemente para que éstas no bajen de su punto.

8. Verter la preparación en un molde de budín inglés enmantecado y enharinado.

9. Cocinar a horno moderado.

10. En la mitad de la cocción, realizar un tajo no muy profundo de extremo a extremo.

11. Dejar que culmine su cocción.

12. Desmoldar sobre una rejilla.

13. Una vez frío, decorar a gusto.

■■■■■■■■■■■■■■■■■■■■■■■■■

Budín de vainilla

Ingredientes

Manteca, 100 gramos

Azúcar, 1 taza

Yemas, 3

Harina leudante, 170 gramos

Claras a nieve, 3

Esencia de vainilla, 1 cucharadita

Ron, 1 chorrito

Azúcar impalpable, para decorar

Preparación

1. Batir la manteca con el azúcar hasta que se forme una pasta.

2. Añadir los huevos de a uno por vez y, sin dejar de batir, la esencia de vainilla.

3. Añadir el coñac y las claras a nieve mezclando suavemente con una espátula.

4. Verter la preparación en un molde tipo budín inglés previamente forrado con papel manteca enmantecado y enharinado.

5. Cocinar a horno suave durante 40 minutos aproximadamente o hasta que al pincharlo con un palillo de brocheta no aparezcan adherencias.

6. Una vez frío, espolvorearlo con azúcar impalpable.

Budín de coco

Ingredientes

Manteca, 100 gramos
Azúcar, una taza
Yemas, 3
Harina leudante, 170 gramos
Claras a nieve, 3
Esencia de vainilla, 2 gotitas
Coco rallado, 3 cucharadas y cantidad adicional para decorar

Preparación

1. Batir la manteca con el azúcar y la esencia de vainilla hasta que se forme una pasta.

2. Añadir los huevos de a uno por vez sin dejar de batir y las tres cucharadas de coco rallado.

3. Añadir las claras a nieve mezclando suavemente con una espátula.

4. Verter la preparación en un molde tipo budín inglés, previamente forrado con papel manteca enmantecado y enharinado.

5. Cocinar a horno suave durante 40 minutos aproximadamente o hasta que al pincharlo con un palillo de brocheta no se observen adherencias.

6. Una vez frío, espolvorearlo con el resto de coco rallado.

Budín de limón

Ingredientes

Manteca, 100 gramos
Azúcar, una taza
Yemas, 3
Harina leudante, 170 gramos
Claras a nieve, 3
Ralladura de 1 limón
Jugo de limón, 2 cucharadas
Azúcar partida, para decorar

Preparación

1. Batir la manteca con el azúcar hasta que se forme una pasta.

2. Añadir los huevos de a uno por vez y, sin dejar de batir, agregar la ralladura y el jugo de limón.

3. Añadir las claras a nieve mezclando suavemente con una espátula.

4. Verter la preparación en un molde tipo budín inglés previamente forrado con papel

manteca enmantecado y enharinado.

5. Cocinar a horno suave durante 35 minutos o hasta que, al pincharlo con un palillo de brocheta, no se observen adherencias.

6. Una vez frío, espolvorearlo con azúcar partida.

Budín de chocolate

Ingredientes

Chocolate amargo en barra, 150 gramos

Manteca, 150 gramos

Azúcar, 100 gramos

Huevos, 5

Harina, 200 gramos

Fécula de maíz, 80 gramos

Polvo de hornear, 1 cucharadita

Almendras picadas, 60 gramos

Preparación

1. Trozar el chocolate y derretir a fuego lento a bañomaría.

2. Batir la manteca con el azúcar hasta formar una pasta blanda.

3. Añadir el chocolate derretido lentamente a la pasta de manteca.

4. Agregar los huevos de a uno por vez sin dejar de batir.

5. Agregar la harina previamente tamizada junto con el polvo para hornear y la fécula de maíz. Unir toda la preparación.

6. Previamente forrar con papel manteca un molde tipo budín inglés, enmantecar y enharinar.

7. Espolvorear las almendras en el interior del molde.

8. Verter la preparación sobre las almendras.

9. Cocinar a fuego moderado durante 45 minutos aproximadamente.

10. Una vez frío, decorar a gusto.

Budín moreno

Ingredientes

Manteca, 180 gramos

Azúcar morena gruesa, 180 gramos

Huevos, 3

Pasa de uvas sin semillas, 100 gramos

Coñac, 3 cucharadas

Harina, 180 gramos

Polvo de hornear, 1 cucharadita al ras

Ralladura de 1/2 limón

Nuez moscada, 1 pizca

Preparación

1. Remojar las pasas en agua caliente durante 30 minutos y luego secarlas en papel absorbente.

2. Batir la manteca hasta formar una pasta blanda.

3. Añadir los huevos de a uno por vez a la pasta de manteca, sin dejar de batir.

4. Agregar el azúcar, la ralladura de limón, la nuez moscada y las pasas de uva.

5. Agregar la harina previamente tamizada junto con el polvo para hornear.

6. Unir toda la preparación.

7. Verter la preparación en un molde tipo budín inglés previamente forrado con papel manteca enmantecado y enharinado.

8. Cocinar a fuego moderado durante 40 minutos aproximadamente.

9. Decorar a gusto.

Pan milanés

Ingredientes

Harina, 600 gramos

Azúcar, 100 gramos

Pasas de uva sin semillas, 150 gramos

Frutas abrillantadas, 50 gramos

Almendras, 100 gramos

Huevos, 3

Manteca derretida, 150 gramos

Ralladura de 1 limón

Levadura prensada, 35 gramos

Leche tibia, 1/2 taza

Preparación

1. Diluir la levadura en la leche tibia
2. Colocar 150 gramos de harina en un bol.
3. Verter la levadura disuelta en la leche y mezclar hasta obtener un bollo liso. Colocar en un lugar tibio hasta que duplique su tamaño.
4. Disponer la harina restante en la mesa en forma de volcán y agregar la manteca derretida, los huevos, la ralladura de limón, la sal y el azúcar en el centro. Mezclar bien los ingredientes, luego amasar hasta obtener un bollo liso y homogéneo.
5. Agregar las pasas, las frutas abrillantadas y las almendras.
6. Mezclar esta masa con la masa de levadura y amasar hasta que la masa se desprenda de los dedos.
7. Colocar en lugar tibio hasta que duplique su volumen.
8. Colocar en un molde enmantecado y enharinado (la masa debe cubrir no más de la mitad del molde).
9. Cocinar en un horno suave durante 45 minutos aproximadamente.

Tarteletas crocantes (página 27).

Pan de pizza (página 36).

Pancitos de amapola y sésamo (página 38).

Chips (página 41).

Pan dulce español (página 57).

Budín de vainilla (página 60).

Rosca rellena (página 71).

Galletitas de miel y azúcar negra (página 75).

Grisines de sémola (página 80).

Chipá (página 82).

Rosquitas (página 88).

Donas (página 89).

Escones (página 90).

Brownies (página 102).

Lengüitas de gato (página 103).

Alfajores de maicena (página 104).

Capítulo 4

Panes y galletitas con sabor a fiesta

Pan dulce I

Ingredientes
Para 4 pan dulces de 1/2 kilo

Harina, 1 kilo
Levadura, 250 gramos
Huevos, 8
Azúcar, 300 gramos
Extracto de malta, 2 cucharadas
Manteca, 200 gramos
Agua de azahar, 3 cucharaditas
Pasas de uva rubias, 50 gramos
Pasas de uva negras, 50 gramos
Almendras, 50 gramos
Avellanas, 50 gramos
Castañas de cajú, 50 gramos
Fruta abrillantada, 50 gramos

Preparación

1. Para preparar la esponja, colocar en un bol la mitad de la harina, la levadura, 5 huevos y 50 gramos de azúcar. Mezclar hasta obtener una masa fina y sedosa. Dejar descansar en un lugar templado durante media hora.

2. En la mesada, colocar, en forma de corona, el resto de la harina. Poner en el centro, el resto de los huevos, del azúcar, el extracto de malta y el agua de azahar.

3. Agregar la esponja e integrar todo. Sumar la manteca y amasar hasta que se haya integrado bien. Dejar descansar durante 30 minutos.

4. Agregar la fruta de a poco (pero reservar algunas para decorar), amasando para integrarla.

5. Enmantecar los moldes de papel para pan dulce. Dividir la masa en 4 porciones y colocar dentro de los moldes. Dejar levar hasta que sobresalgan del borde. Pintar con huevo batido, decorar con frutas y llevar a horno precalentado fuerte durante 45 minutos.

Pan dulce II

Ingredientes

Levadura prensada, 50 gramos
Agua tibia, 1/3 de taza
Manteca blanda, 125 gramos
Azúcar, 200 gramos
Ralladura de 1 limón
Agua de azahar, unas gotas
Extracto de malta, 2 cucharadas
Coñac, 2 cucharadas
Huevos, 4
Harina común, aproximadamente, 1 kilo
Leche, 3/4 de taza
Frutas secas y abrillantadas, a gusto (en total 1/2 kilo)
Huevo batido, para pintar

Preparación

1. Disolver la levadura prensada en el agua tibia.

2. Mezclar la manteca blanda, el azúcar, la ralladura de limón, el agua de azahar, el extracto de malta, el coñac y los huevos en un bol.

3. Formar una corona de harina sobre la mesada. Colocar la mezcla anterior en el centro y amasar rápidamente incorporando la leche hasta obtener un bollo.

4. Amasar enérgicamente el bollo, espolvoreando con harina, si fuera necesario, hasta que la masa esté muy tierna y elástica, pero sin pegotearse.

5. Colocar el bollo en un bol grande, pintar con la manteca derretida la superficie y dejar levar cubierto durante 6 horas aproximadamente.

6. Ubicar la masa ya levada sobre la mesada e incorporar las frutas abrillantadas y secas. Amasar y dividir en bollos para armar los panes dulces. Ubicar cada bollo en un molde de papel y practicar un corte en forma de cruz en la superficie.

7. Dejar levar bien. Una vez levados, pintar con huevo batido y cocinar en horno moderado hasta que estén dorados y brillantes.

Para tener en cuenta: cuanto más se amase la masa, más esponjosa quedará. Conviene estirarla empleando los nudillos. También se puede golpear contra la mesada, enrollar, etc. Lo importante es trabajarla mucho con las manos.

Los moldes de papel se adquieren en supermercados, casas de repostería, cotillón, etc.

Pan dulce III

Ingredientes

Manteca blanda, 125 gramos

Huevos, 5

Azúcar, 200 gramos

Agua de azahar, unas gotas

Levadura prensada, 50 gramos

Agua tibia, 1/4 de taza

Harina, 1/2 kilo y cantidad adicional

Fruta abrillantada picada, 200 gramos

Fruta seca entera, 250 gramos

Coñac o vino dulce, 1 vaso

Preparación

Conviene comenzar a trabajar de noche para dejar levar hasta el día siguiente.

1. Disolver la levadura en el agua tibia.

2. Aparte, mezclar la manteca, los huevos, el azúcar, el agua de azahar y la levadura disuelta en un bol.

3. Agregar la harina de a poco, mientras se bate con la mano abierta para airear la masa (debe quedar muy blanda). Cubrir y dejar leudar en lugar tibio.

4. Colocar las frutas abrillantadas y las frutas secas en un recipiente. Remojarlas en el coñac y dejarlas macerar durante 1 hora.

5. Unir las frutas maceradas con todo su líquido a la masa. Batir a mano abierta durante un buen rato.

6. Verter esta masa (es muy blanda y pegajosa) en moldes enmantecados y enharinados, de modo que la preparación llegue hasta la mitad del molde.

7. Cubrir con un lienzo y dejar descansar hasta el día siguiente donde no haya corrientes de aire.

8. Por la mañana practicar un corte en cruz en la superficie de los panes y cocinar en un horno moderado hasta que estén cocidos. Antes de terminar la cocción, pintarlos con huevo batido y terminar de cocinar a fuego fuerte.

9. Retirar del horno, desmoldar y enfriar sobre una rejilla.

■■■■■■■■■■■■■■■■■■■■■■■■■■■■■

Rosca de Reyes o Pascua I

Ingredientes

Esponja

Levadura prensada, 30 gramos

Azúcar, 1 cucharadita

Leche tibia, 1/4 de taza

Harina, 2 cucharadas

Masa

Azúcar, 150 gramos

Manteca, 120 gramos

Huevos, 4

Harina, 400 gramos y cantidad adicional

Leche (si hiciera falta)

Ralladura de 1 limón

Agua de azahar, unas gotas

Varios

Crema pastelera espesa, 1 taza

Azúcar partida (o de fantasía)

Cáscara de naranja abrillantada, en tiritas

Dije sorpresa envuelto en papel manteca (no debe ser de plástico pues se derretiría durante la cocción)

Preparación

Esponja

1. Disolver la levadura en leche tibia junto con el azúcar y la harina.

2. Batir hasta que se formen globos en la superficie.

3. Dejar levar tapado en lugar tibio hasta que se convierta en una esponja.

Masa

1. Colocar la mitad de la harina sobre la mesada en forma de corona. Colocar la esponja de levadura, la mitad del azúcar, la mitad de la manteca y dos huevos en el centro.

2. Amasar hasta obtener un bollo tierno. Añadir leche si fuera necesario.

3. Amasar enérgicamente un bollo hasta que esté liso y elástico. Ubicarlo en un bol, cubrirlo y dejarlo en un lugar tibio hasta que duplique su volumen.

4. Colocar el resto de la harina en la mesada en forma de corona. Ubicar en el centro la masa leudada el resto de manteca, el resto de azúcar, los dos huevos restantes, la ralladura de limón y el agua de azahar.

5. Amasar enérgicamente hasta lograr un bollo liso y elástico. Dejar levar en un bol cubierto.

Armado de la rosca

1. Tomar trozos de masa, formar cilindros y luego unirlos para obtener las roscas. Aplastar un poco la masa para darle forma.

2. Ubicar las roscas en placas enmantecadas y enharinadas. Por debajo de cada una, realizar una incisión y clavar el dije envuelto en papel manteca cerrando bien para que no se vea.

3. Colocar en el orificio central de cada rosca un molde, un cortapastas o una lata enmantecada y enharinada para que el centro no se cierre en la cocción.

4. Cubrir las roscas y dejar levar en un lugar tibio. Una vez levadas, decorarlas con tiras de crema pastelera, adornar con tiritas de naranja abrillantada y pintar con huevo batido. Salpicar finalmente con azúcar partida.

5. Cocinar en horno caliente hasta que estén bien doradas.

Rosca de Reyes rellena

Ingredientes

Levadura prensada, 50 gramos
Agua tibia, 1/4 de taza
Azúcar, 1/2 taza
Leche tibia, 1/4 de taza
Sal, una pizca
Huevo, 1
Manteca blanda, 50 gramos
Ralladura de limón, 1 cucharada
Agua de azahar, unas gotas
Harina, cantidad necesaria
Manteca derretida, para pintar
Avellanas peladas, 1 taza
Azúcar, 1 taza
Claras batidas a nieve, 1
Dije de la suerte
Crema pastelera espesa, 1 taza
Huevo batido, 1
Tiritas de cáscara de naranja abrillantada, a gusto
Azúcar partida, para espolvorear

Preparación

1. Disolver la levadura prensada en el agua tibia.
2. Mezclar con el azúcar, la leche tibia, la sal, el huevo, la manteca blanda, la ralladura de limón y el agua de azahar.
3. Batir con la mano abierta mientras se incorpora harina común, hasta lograr un bollo tierno que se desprenda del fondo y de las paredes del bol.
4. Volcar sobre una mesa enharinada y amasar con fuerza hasta que esté bien elástica.
5. Colocar la masa en un bol, pintar con manteca derretida, cubrir con un lienzo fino y dejar en un sitio tibio hasta que duplique su volumen.

Relleno

1. Licuar las avellanas junto con el azúcar.
2. Volcar el polvillo sobre la masa y agregar de a poco la clara batida (1 o 2 cucharadas), amasar hasta darle a la mezcla consistencia de mazapán.

Armado

1. Amasar la masa de levadura dándole forma de rollo. Aplastar de modo que quede transformada en un rectángulo angosto de 3 o 2 cm de espesor.
2. Amasar el mazapán de avellanas en forma de cilindro de la misma longitud que el rectángulo de levadura.
3. Colocar en el centro del rectángulo y envolver.
4. Armar la rosca uniendo los extremos (introducir en la unión el dije sorpresa).
5. Colocar la rosca en una placa enmantecada y enharinada, y calzar en la abertura un

cortapastas para que no se cierre al cocinar.

6. Cubrir y dejar leudar en un sitio tibio.

7. Pintar delicadamente con el huevo batido y dejar orear.

8. Adornar con tiras de crema pastelera alternadas con tiras de cáscara de naranja.

9. Salpicar con azúcar partida.

10. Cocinar en horno caliente hasta que esté dorada.

■■■■■■■■■■■■■■■■■■■■■■■■■■■■■

Stollen

Ingredientes

Levadura prensada, 25 gramos

Agua tibia, 1/2 taza

Azúcar, media taza y una cucharadita

Harina, 1 y 1/2 tazas y cantidad adicional

Leche, 3/4 tazas

Manteca derretida, 125 gramos y cantidad adicional para pintar

Jugo y ralladura de 1 limón

Pasas de uva sin semillas, 1/2 taza

Ciruelas pasa descarozadas y cortadas en trocitos, 1/2 taza

Almendras peladas enteras, 1/2 taza

Cáscara abrillantada de limón o naranja cortada en trocitos, 1

Nueces o avellanas peladas enteras, 1/2 taza

Sal, una pizca

Cerezas al marrasquino escurridas, 1/2 taza

Glasé real liviano 1/2 taza

Varios

Manteca derretida y azúcar impalpable tamizada

Preparación

Esponja

1. Disolver la levadura en agua tibia junto con la cucharadita de azúcar y una cucharadita de harina

2. Batir hasta que en la superficie se formen globitos.

3. Cubrir la preparación y colocar en un sitio tibio hasta que fermente y parezca una «esponja».

Masa

1. Tamizar la harina en un bol y realizar un hueco en el centro.

2. Colocar en él la esponja de levadura, la leche, la manteca derretida, el azúcar, el jugo y la ralladura de limón, las pasas de uva sin semillas, las ciruelas en trocitos, las almendras, la cáscara abrillantada picada, las nueces o avellanas, la sal y las cerezas.

3. Mezclar batiendo con la mano abierta hasta que se forme una masa pegajosa.

4. Dejar en el bol hasta que haya duplicado su volumen.

5. Luego batir enérgicamente la preparación mientras se agrega

harina poco a poco hasta formar un bollo que se desprenda del bol.

6. Volcar la masa sobre la mesada enharinada y amasar con fuerza hasta que alcance la consistencia de una masa tierna que no se pegue a las manos.

Armado y cocción

1. Estirar la masa en forma circular dejándola de 3 cm de espesor.

2. Apoyar el disco de masa sobre una placa para horno enmantecada y enharinada.

3. Pintar la superficie de la masa con abundante manteca derretida.

4. Doblar en dos el disco como si se fuera a armar una empanada sin presionar los bordes.

5. Cubrir y dejar en un sitio tibio hasta que esté bien hinchada.

6. Pintar la superficie con huevo batido y cocinar en un horno caliente hasta que esté dorado.

7. Retirar y dejar enfriar en la placa.

8. Recién entonces, rociar la superficie con el glasé real. Dejar secar.

Rosca italiana

Ingredientes

Huevos, 2
Harina, cantidad necesaria
Miel, 1 taza
Azúcar, 1/2 taza
Aceite, para freír
Manteca, cantidad necesaria
Grageas de colores, para decorar

Preparación

1. Batir los huevos hasta que estén espumosos.

2. Añadir poco a poco la harina hasta lograr un bollo liso y muy tierno.

3. Tomar pequeñas porciones de masa, formar cilindros y cortarlos en trocitos de 1/2 cm de grosor.

4. Con cada trocito formar bolitas pequeñas y freírlas por tandas en aceite caliente. Deben quedar secas y suavemente doradas.

5. Escurrirlas en papel absorbente.

6. Aparte poner a hervir en una cacerola la miel con el azúcar hasta que el almíbar alcance punto de bolita dura.

7. Ubicar las bolitas fritas en un bol grande y verter encima el almíbar caliente.

8. Mezclar con cuchara de madera para integrar con el almíbar.

9. Enmantecar un molde con forma de anillo y verter la preparación. Dejar enfriar.

10. Desmoldar sobre una fuente y decorar con las grageas de colores. Cortar con un cuchillo con serrucho afilado.

Galletitas de miel

Ingredientes

Harina, 1 taza

*Bicarbonato de sodio,
1 cucharadita*

Miel caliente, 1/2 taza

Chocolate cobertura

Preparación

1. Tamizar la harina con el bicarbonato de sodio.
2. Verter la miel caliente sobre la harina mientras se mezcla con un tenedor.
3. Volcar la pasta sobre la mesa y amasar bien hasta obtener un bollo liso.
4. Estirar la masa y dejarla de 1/2 cm de espesor.
5. Recortar galletitas con un cortapastas.
6. Ubicar las galletitas sobre placas para horno enmantecadas y enharinadas.
7. Llevarlas a horno moderado hasta que estén apenas doradas.
8. Retirarlas del horno y dejarlas enfriar bien.
9. Decorarlas bañando la parte superior con chocolate cobertura derretido.

Galletitas de jengibre

Ingredientes

Azúcar negra, 200 gramos

Margarina, 100 gramos

Miel, 50 gramos

Agua, 1/2 taza

Jengibre, 1 cucharadita

Clavo de olor molido, 1 pizca

Canela, 1 cucharadita

Bicarbonato de sodio, 1/3 de cucharada

Harina, 13 cucharadas

Glasé real de colores y blanco

Cintitas bebé

Preparación

1. Colocar en una cacerola el azúcar negra, la miel, el agua y la margarina. Llevar al fuego hasta que hierva y se funda todo. Retirar del fuego y reservar.
2. Verter el jengibre, el clavo de olor, el bicarbonato y la canela sobre la mezcla. Revolver.
3. Añadir la harina y mezclar bien con una cuchara de madera.
4. Pasar la masa a un recipiente y dejarla descansar cubierta durante 24 horas para que alcance consistencia.

5. Tomar porciones de masa y estirarlas sobre la mesada enharinada dejándolas de 1/2 cm de espesor.

6. Recortar galletitas utilizando cortantes con distintas formas festivas (estrellas, muñequitos, bastones, etc.).

7. Levantar las galletitas con una espátula y ubicarlas sobre placas para horno enmantecadas y enharinadas.

8. Si se desea, marcar con un palillo ojos y boca a los muñecos, guardas a las estrellas, etc.

Practicarles también un orificio para luego poder pasar la cinta.

9. Cocinar evitando que se doren demasiado en horno moderado.

10. Una vez cocidas, levantarlas con espátula y depositarlas sobre un mármol o una mesada plana hasta que se enfríen.

11. Bañarlas con glasé blanco y decorarlas con detalles de glasé de distintos colores.

12. Cuando estén totalmente secas, pasarles una cinta por el orificio y anudarla para poder luego colgarlas del arbolito de Navidad.

Galletitas de miel y azúcar negra

Ingredientes

Manteca, 50 gramos

Azúcar negra, 1/2 taza

Miel, 1/2 taza

Polvo para hornear, 1 cucharadita

Bicarbonato de sodio, 1 cucharadita

Harina, 3 y 1/2 tazas

Canela, 1 cucharadita

Jengibre molido, 1/2 cucharadita

Sal, 1/4 de cucharadita

Agua, 1/4 de taza

Glasé real

Coco rallado coloreado con colorante vegetal

Grageas de colores

Preparación

1. Batir la manteca hasta ablandarla. Incorporar poco a poco el azúcar negra mientras se sigue batiendo.

2. Añadir la miel a la mezcla. Mezclar bien.

3. Tamizar la harina junto con el polvo para hornear, el bicarbonato, la canela, el jengibre y la sal.

4. Incorporar los ingredientes secos a la mezcla de azúcar, miel y manteca, alternando con el agua hasta unir todo.

5. Enharinar la mesada y continuar amasando hasta obtener un bollo liso. Si es necesario, agregar un poco más de harina.

6. Estirar la masa dejándola de 8 mm de espesor.

7. Cortar galletitas empleando cortantes de distintas formas.

8. Ubicar las galletitas en placas para horno enmantecadas y enharinadas.

9. Cocinar en un horno caliente hasta que estén doradas.

10. Levantarlas con espátula y dejar que se enfríen sobre una superficie lisa para que no se arqueen.

11. Una vez frías, bañarlas con glasé real y decorarlas a gusto con grageas de colores, coco coloreado, etc.

CAPÍTULO 5

Galletas, bizcochos y grisines... ¿qué más?

Capítulo 5

Galletas, bizcochos
y crisines...
¿qué más?

Chester cakes (bizcochitos de queso)

Ingredientes

Queso rallado, 100 gramos
Harina, 100 gramos
Manteca blanda, 100 gramos
Sal y pimienta, a gusto

Preparación

1. Ubicar los ingredientes sobre una mesada y amasar con las manos hasta obtener un bollo uniforme y compacto.
2. Estirar la masa sobre la mesada enharinada dejándola de 1/2 cm de espesor.
3. Cortar los bizcochitos con un cortapastas redondo.
4. Acomodarlos sobre una placa para horno y cocinarlos en un horno bien caliente hasta que se sequen.

Para tener en cuenta: estos bizcochos no deben dorarse mucho para que el queso tostado no adquiera sabor amargo. El nombre de estos bizcochos proviene del queso "chester", que es el que se utiliza en la receta original. La placa para horno no necesita enmantecarse porque los bizcochos poseen suficiente materia grasa.

Galletitas de papa

Ingredientes

Papas cocidas con cáscara, peladas y tamizadas, 1/2 taza
Manteca, 100 gramos
Harina, 1/2 taza
Sal y pimienta, a gusto

Preparación

1. Mezclar bien las papas con la manteca.
2. Sazonar con sal y pimienta a gusto.
3. Añadir la harina y amasar hasta obtener un bollo liso y tierno.
4. Estirar la masa sobre la mesada enharinada dejándola de 1/2 cm de espesor aproximadamente.
5. Cortar las galletitas con un cortapastas redondo.
6. Ubicarlas en una placa enmantecada y enharinada, y cocinar hasta que estén sequitas y apenas doradas.

Grisines de sémola

Ingredientes

Levadura prensada, 1 y 1/2 cucharadas

Agua tibia, 1/2 taza

Harina, 2 y 1/2 tazas

Azúcar, 1 cucharadita

Sémola, 1 taza

Manteca, 2 cucharadas

Claras, 2

Sal, 1 cucharada

Leche tibia, 1 taza

Manteca adicional para barnizar la masa

Preparación

1. Diluir la levadura en el agua tibia junto con una cucharadita de azúcar y otra de harina. Batir levemente y dejar fermentar.
2. Unir la harina con la sémola. Colocar en un bol grande.
3. Añadir la levadura fermentada junto con dos cucharadas de azúcar, la sal y las claras de huevo.
4. Mezclar los ingredientes agregando gradualmente chorritos de leche tibia hasta lograr una masa lisa y suave que se desprenda de las manos fácilmente.
5. Una vez obtenido el bollo tierno y elástico, colocar en un bol y dejar en un lugar tibio hasta que duplique su volumen.
6. Una vez duplicado su volumen, confeccionar un cilindro con la masa y cortar en rodajas. Realizar un bollito con cada cilindro de masa y estirar con la palma de las manos, del centro hacia los laterales (haciendo rodar al mismo tiempo el bollo de atrás hacia delante) para formar palillos de masa del largo que desee. Recordar que la levadura incrementará su volumen al hornearlos, por eso es conveniente hacerlos delgados.
7. Colocar los futuros grisines en placas enmantecadas y espolvoreadas con sémola. Dejar un espacio considerable entre cada grisín.
8. Dejar leudar durante algunos minutos hasta que se hinchen levemente.
9. Llevar a horno caliente hasta que estén dorados y bien secos.

Galletas de sémola

Ingredientes

Sémola fina, 1 taza
Sal, 1 y 1/2 cucharaditas
Manteca derretida, 1 cucharada
Agua, 1 y 1/2 tazas
Levadura de cerveza, 30 gramos
Azúcar, 1/2 cucharadita
Manteca blanda, 25 gramos
Leche tibia, 1/2 taza
Harina, 2 tazas

Preparación

1. Colocar la sémola junto con la sal en un bol.
2. Verter sobre la misma una taza de agua hirviendo y la manteca derretida.
3. Batir enérgicamente para ligar todo.
4. Aparte disolver la levadura en 1/2 taza de agua apenas tibia, junto con el azúcar.
5. Cubrir y guardar en un lugar tibio hasta que la levadura se esponje.
6. Añadir la levadura fermentada a la mezcla de sémola (ya tibia) y amasar con la mano abierta.
7. Dejar levar cubierto en un lugar tibio hasta que duplique su volumen.
8. Añadir a la pasta los 25 gramos de manteca blanda, la leche tibia y la harina común.
9. Batir con la mano abierta para airear la preparación.
10. Volcar la masa sobre la mesada enharinada y amasar hasta obtener un bollo liso y elástico, añadiendo más harina si hiciera falta.
11. Colocar nuevamente la masa en un bol y dejar levar cubierta hasta que duplique su volumen.
12. Estirar la masa sobre una mesada enharinada y cortar galletas redondas. Ubicarlas sobre placas enmantecadas y espolvoreadas con sémola.
13. Cubrir y dejar leudar.
14. Cuando estén hinchadas, pincharlas con un tenedor y cocinarlas 12 minutos a horno fuerte y luego en horno suave hasta que se sequen y se doren.

Chipás

Ingredientes

Harina de mandioca, 1/2 kilo y cantidad adicional
Queso cremoso, 1/4 kilo
Queso rallado, 1/2 taza
Queso semiduro, 1/4 kilo
Manteca, 200 gramos
Sal y pimienta, a gusto
Huevos, 4
Leche, 1/3 de taza
Polvo leudante, 1 cucharadita

Preparación

1. Cortar el queso fresco y el semiduro en trocitos pequeños.
2. Colocar la harina de mandioca mezclada con el polvo leudante sobre la mesada en forma de corona.
3. Ubicar los tres tipos de queso, los huevos, la sal, la pimienta y la manteca en el centro.
4. Amasar todo con las manos, integrando los ingredientes con la harina.
5. Verter la leche de a poco sobre la preparación.
6. Seguir amasando y, si es necesario, añadir más harina.
7. Tomar porciones de masa pequeñas, darles forma ahusada y colocarlas sobre placas enmantecadas y enharinadas.
8. Practicar dos o tres cortes en la superficie de cada chipá con la hoja de un cuchillo afilado o con tijera.
9. Cocinar en un horno caliente hasta que estén cocidos, pero no muy secos.
10. Servir calientes o tibios.

Bizcochitos hojaldrados

Ingredientes

Harina, 100 gramos
Manteca, 100 gramos
Ricota, 100 gramos
Sal, 1/2 cucharadita

Preparación

1. Colocar la ricota, la sal y la manteca blanda en un bol. Mezclar bien.
2. Añadir la harina y formar un bollo tierno.
3. Envolver en film de polietileno y guardar hasta el día siguiente.
4. Al día siguiente retirar la masa de la heladera, estirarla sobre una mesada enharinada y cortar bastoncitos de masa de 2 cm de ancho por 4 cm de largo.
5. Cocinar en placas limpias ligeramente humedecidas.

Tortas fritas

Ingredientes

Harina leudante, 2 tazas
Sal, 1 cucharadita
Grasa, 50 gramos
Huevo, 1
Agua, 2 tazas
Aceite, para freír

Preparación

1. Preparar una salmuera: hervir 2 tazas de agua con 3 cucharadas de sal. Dejar entibiar.
2. Tamizar la harina con la sal. Formar una corona con la harina tamizada sobre la mesada.
3. Colocar la grasa blanda y el huevo en el centro.
4. Unir los ingredientes del centro incorporando de a poco la harina y junto con chorritos de la salmuera hasta que se forme una masa muy blanda pero no pegajosa.
5. Sobar la masa un rato sobre la mesada.
6. Dejarla descansar cubierta durante 30 minutos.
7. Estirar la masa sobre una mesada enharinada dejándola de 5 mm de espesor.
8. Cortar cuadrados con la rueda de hacer ravioles.
9. Perforar el centro del cuadrado con la punta de una brocheta.
10. Calentar el aceite.
11. Freír las tortas de ambos lados hasta que queden doradas.
12. Escurrir sobre papel absorbente y servir caliente.

Para tener en cuenta: es costumbre espolvorear estas tortas fritas con azúcar antes de servirlas.

Bizcochitos de grasa

Ingredientes

Harina, 250 gramos

Polvo para hornear, 1/2 cucharadita

Grasa, 100 gramos

Salmuera realizada con agua tibia y sal, cantidad necesaria (Ver paso 1 de la receta anterior)

Preparación

1. Tamizar la harina junto con el polvo para hornear.
2. Colocar la harina en forma de corona sobre la mesa.
3. Ubicar la grasa blanda en el centro, y comenzar a tomar la harina para formar la masa añadiendo chorritos de salmuera tibia.
4. Una vez formado el bollo, amasarlo un rato para darle elasticidad.
5. Envolver en un film de polietileno y llevar a la heladera durante dos horas.
6. Retirar de la heladera y estirar sobre una mesada enharinada dándole un espesor de ½ cm.
7. Cortar medallones de masa pequeños, pincharlos con un tenedor y ubicarlos en placas enmantecadas y enharinadas.
8. Cocinar hasta que estén secos y apenas dorados.

CAPÍTULO 6

Las facturas de la tarde

Las facturas de la tarde

Medialunas fáciles

Ingredientes

Agua hirviendo 1 taza
Azúcar, 1/3 de taza
Sal, 1 cucharadita
Manteca 3 cucharadas
Huevo batido, 1
Levadura prensada, 50 gramos
Agua tibia, 1/4 de taza
Harina, cantidad necesaria

Varios

Manteca derretida, cantidad necesaria
Almíbar a punto hilo flojo, cantidad necesaria

Preparación

1. Agregar el azúcar, la sal y la manteca en el agua hirviendo.
2. Dejar entibiar.
3. Incorporar a la preparación la levadura prensada previamente disuelta en el agua tibia junto con el huevo batido.
4. Incorporar de a poco, mientras se bate con la mano abierta la cantidad de harina necesaria como para lograr una masa muy blanda que se desprenda de las paredes del bol.
5. Volcar sobre la mesa y amasar enérgicamente durante algunos minutos hasta obtener un bollo elástico. Agregar un poco más de harina si fuese necesario y seguir amasando con fuerza.
6. Una vez que la masa esté tierna y elástica, envolverla en un film de polietileno y guardarla en la heladera. Dejarla por lo menos durante tres horas.
7. Retirar la masa de la heladera y colocarla sobre la mesada enharinada. Estirarla lo más fina posible (3 mm aproximadamente), cortarla primero en cuadrados y luego en triángulos.
8. Pintar la superficie de cada triángulo con manteca derretida y enrollar comenzando por la base hacia el vértice.
9. A medida que se armen los rollitos, arquearlos para darles forma de medialunas. Colocar las medialunas así armadas, espaciadas entre sí, sobre placas enmantecadas y enharinadas. Presionar bien los extremos.
10. Cubrir las medialunas con un lienzo y dejarlas en un sitio tibio hasta que estén bien levadas.
11. Cocinarlas en horno bien caliente hasta que estén doraditas.
12. Al retirarlas del horno, pintar con el almíbar.

Churros

Ingredientes

Harina, 1 taza
Leche, 1/2 taza
Agua, 1/2 taza
Sal, un poquito
Azúcar molida, cantidad
necesaria

Preparación

1. Hervir la leche junto con el agua y la sal.

2. Cuando rompa el hervor, volcar la harina de golpe mientras se revuelve rápidamente con cuchara de madera como si se hiciera una masa bomba.

3. Seguir cocinando sobre el fuego, hasta que se forme una masa compacta que se desprenda fácilmente de las paredes y del fondo de la cacerola.

4. Retirar del fuego y dejar enfriar un poco.

5. Colocar la masa dentro de la churrera o en su reemplazo una manga de repostería con boquilla de picos muy profundos. Al llenar la manga, tener la precaución de que no queden burbujas de aire en la masa. Para esto se debe presionar bien el contenido a medida que se rellena la churrera.

6. Moldear los churros en forma de bastones o roscas.

7. Freírlos en abundante aceite bien caliente pinchándolos de vez en cuando con el tenedor. Una vez que estén bien dorados de un lado, darlos vuelta para completar la cocción.

8. Escurrirlos sobre papel absorbente y, enseguida de cocidos, hacerlos rodar uno por uno sobre azúcar molida.

Rosquitas

Ingredientes

Agua, 1/2 taza
Manteca, 50 gramos
Sal, un poquito
Harina leudante, 1/2 taza

Yemas, 6
Azúcar, 2 tazas
Esencia de vainilla, 1 cucharadita
Agua, cantidad necesaria

Preparación

1. Colocar el agua, la sal y la manteca en una cacerola. Cocinar hasta que hierva.
2. Cuando el agua rompa el hervor, agregar de golpe la harina leudante mientras se mezcla rápidamente con una cuchara de madera.
3. Revolver sobre el fuego hasta que la masa se seque y se separe de los costados y del fondo de la cacerola.
4. Retirar del fuego y volcar la preparación en un bol. Dejar enfriar un poco (pero no demasiado).
5. Añadir las yemas de una por vez batiendo muy bien después de cada adición.
6. Colocar la masa en una manga con boquilla grande lisa o de picos y trazar las rosquitas, espaciadas entre sí, sobre placas enmantecadas y enharinadas.
7. Cocinar en un horno bien caliente hasta que se inflen bien.
8. Bajar la llama al mínimo y seguir cocinándolas a fuego suave con la puerta del horno entreabierta hasta que estén bien secas.
9. Retirar del horno, enfriar y cubrirlas con un baño azucarado.

Baño

1. Colocar el azúcar en una cacerolita y cubrirla apenas con agua.
2. Llevar al fuego y hervir hasta que el almíbar alcance punto de hilo fuerte.
3. Retirar la cacerola del fuego, perfumar con la esencia y batir enérgicamente con cuchara de metal, hasta que el almíbar comience a ponerse espeso y opaco (se azucare).
4. Bañar rápidamente las rosquitas en este almíbar azucarado y colocarlas sobre una rejilla para que se escurra el exceso de almíbar.

■ ■

Donas

Ingredientes

Harina, 250 gramos
Azúcar, 50 gramos
Leche, 4 cucharadas
Levadura prensada, 15 gramos
Sal, una pizca

Manteca pomada (blanda), 50 gramos
Huevos batidos, 1

Preparación

1. Mezclar una cucharada sopera de harina en un bol junto con una cucharadita de azúcar.

2. Agregar a la preparación la levadura disuelta en una cucharada de leche tibia. Mezclar y colocar el bol en un sitio tibio hasta que fermente la levadura y alcance la apariencia de una esponja.

3. Luego de que la levadura haya fermentado, agregar el resto de la harina y el azúcar. Añadir también la manteca a punto pomada junto con la sal y el huevo batido.

4. Mezclar bien hasta lograr que se desprenda de las paredes del bol.

5. Terminar el amasado en la mesa enharinada hasta obtener un bollo liso y tierno.

6. Colocar nuevamente en un bol, cubrir con un lienzo y dejar reposar en un lugar tibio hasta que duplique su volumen.

7. Amasar nuevamente 1 o 2 minutos y estirar la masa en forma de cilindro.

8. Cortar el cilindro de masa de 10 a 13 discos.

9. Cortar con un cortapastas pequeño quitándole a cada disco un círculo pequeño de masa del centro de modo que quede en forma de aro.

10. Colocar las donas sobre placas enharinadas y cubrir con un film de polietileno. Dejar leudar hasta lograr el doble de su volumen.

11. Freír en abundante aceite dorándolas bien de ambos lados.

12. Retirar y colocar sobre papel absorbente.

Escones

Ingredientes

Azúcar impalpable, 3 cucharadas

Harina, 3 tazas

Huevos, 1

Manteca, 3 cucharadas

Sal, 1 cucharadita

Polvo para hornear, 1 cucharadita

Leche, 1 taza

Preparación

1. Colocar todos los ingredientes en un bol y mezclar bien con una cuchara de madera hasta lograr una masa elástica y homogénea. Agregar más harina si hiciera falta.

2. Estirar la masa del grosor deseado y cortar en círculos de tamaño menor a un pocillo de café.

3. Cocinar en horno bien caliente.

Brioches

Ingredientes

Levadura de cerveza, 50 gramos
Leche, 1 pocillo
Azúcar, 2 cucharadas
Esencia de vainilla, 1 cucharadita
Huevos, 4
Harina, 1/2 kilo
Sal, 1 pizca
Manteca, 170 gramos
Huevo batido, 1

Preparación

1. Disolver la levadura junto con la leche tibia, una cucharada de harina y las dos cucharadas de azúcar.

2. Batir con la mano abierta hasta que esté espumosa.

3. Dejar levar cubierta en lugar tibio hasta que se forme la esponja de levadura.

4. Aparte tamizar la harina junto con la sal. Ubicarla en una mesada y realizar un hueco en el centro.

5. Ubicar los huevos y la esponja de levadura.

6. Unir los ingredientes desde el centro hacia afuera. Continuar amasando todo hasta obtener un bollo tierno.

7. Dejar levar en lugar tibio hasta que duplique su volumen.

8. Tomar nuevamente el bollo y amasarlo por segunda vez enérgicamente estirándolo con los puños.

9. Sin dejar que leve, estacionar la masa en la heladera cubierta con un film de polietileno durante 10 horas.

10. Retirar la masa, quitarle el film y realizar bollitos.

11. Ubicarlos en una placa enmantecada y enharinada.

12. Amasar bolitas pequeñas y ubicarlas en la parte superior de los bollitos pegándolas con un poco de huevo batido.

13. Dejar levar los brioches hasta que dupliquen su volumen.

14. Pincelarlos con huevo batido y cocinarlos en horno moderado hasta que estén dorados.

Tortas negras fáciles

Ingredientes

Harina, 4 tazas

Polvo para hornear, 2 cucharaditas

Azúcar, 1/2 taza

Manteca, 200 gramos

Esencia de vainilla, 1/2 cucharadita

Leche, 1/4 litro y cantidad extra

Sal, 1 pizca

Azúcar negra, 1 taza

Preparación

1. Tamizar la harina junto con la sal y el polvo para hornear.

2. Ubicar los ingredientes secos en un bol. Agregar la manteca bien fría y cortarla con cuchillos hasta formar un granulado.

3. Añadir la leche y amasar lo menos posible hasta obtener un bollo.

4. Estirar la masa sobre una mesada enharinada hasta alcanzar 1 cm de espesor.

5. Pintar la superficie de la masa con leche.

6. Añadir un poco de harina al azúcar negra y mezclar bien.

7. Esparcir una capa generosa de azúcar negra sobre la masa pintada con leche.

8. Cortar en cuadrados, levantarlos con espátula y ubicarlos sobre una placa para horno enmantecada y enharinada.

9. Llevar a horno moderado hasta que estén cocidas cuidando que no se doren demasiado.

Cuadrados de ricota

Ingredientes

Ricota, 600 gramos

Azúcar, 100 gramos

Esencia de vainilla, 1 cucharadita

Huevos, 3

Pasas de uva, 2 cucharadas

Sal, una pizca

Azúcar impalpable, cantidad necesaria

Preparación

1. Procesar la ricota para que no le queden grumos.

2. Batir en un bol las yemas de huevo con el azúcar hasta que estén espumosas.

3. Añadir la ricota y la esencia de vainilla a las yemas. Mezclar bien.

4. Pasar las pasas por harina y agregarlas al batido.

5. Batir las claras a nieve con la pizca de sal. Incorporarlas suavemente a la mezcla anterior.

6. Verter la mezcla en una asaderita rectangular enmantecada y enharinada.

7. Cocinar en horno moderado hasta que esté cocido y levemente dorado.

8. Retirar. Dejar enfriar y espolvorear con azúcar impalpable tamizada.

9. Cortar en cuadrados de 6 cm de lado.

Palmeritas

Ingredientes

Masa de hojaldre, 1/2 kilo
Azúcar, cantidad necesaria

Preparación

1. Colocar en la mesada una capa de azúcar molida de 1 mm de espesor.

2. Enharinar el palote y estirar el hojaldre sobre el azúcar dándole forma rectangular y dejándola de un espesor de 1/2 cm.

3. Espolvorear la superficie de la masa con otra capa de azúcar en forma pareja.

4. Marcar una línea central a lo largo del rectángulo.

5. Enrollar ambos lados del rectángulo hacia el centro para que se unan en la línea media.

6. Cortar en tajadas de 1/2 cm de espesor y ubicar las palmeras en una placa de horno enmantecada.

7. Cocinar en horno caliente hasta que la parte de abajo comience a dorarse.

8. Retirar del horno y dar vuelta suavemente con una espátula para que se doren del otro lado.

9. Colocar nuevamente en el horno caliente hasta que estén doradas de ambos lados.

10. Retirar del horno y, con una espátula, sacarlas de la placa y ubicarlas sobre un mármol u otra superficie plana para que se enfríen.

Para tener en cuenta: si el azúcar se quema, le dará sabor amargo a las palmeritas. Para evitarlo, vigilar atentamente su cocción.

Cañoncitos

Ingredientes

Recortes de masa de hojaldre

Dulce de leche, cantidad necesaria

Crema pastelera, cantidad necesaria

Crema chantilly al chocolate, cantidad necesaria

Coco rallado, para rebozar

Preparación

1. Enmantecar y enharinar moldecitos para cañones.
2. Cortar tiras de masa de hojaldre de 1 cm de ancho. Tomar una tira y envolver el molde de cañón por afuera, comenzando por la punta (a la que se debe presionar para cerrarla) y continuando en espiral. Es necesario encimar un poco las tiras de masa para que el cañón alcance la forma característica.
3. Apoyar los moldes en una placa y cocinar en horno moderado hasta que estén listos.
4. Rellenar algunos cañoncitos con dulce de leche; otros, con crema pastelera; y otros, con crema chantilly a la que se le habrá añadido cacao en polvo.
5. Untar el borde de los cañones con dulce de leche y rebozarlos por coco rallado.

Medialunas rellenas

Ingredientes

Harina, 400 gramos

Manteca, 130 gramos

Azúcar, 70 gramos

Polvo para hornear, 1 cucharadita

Leche, 5 cucharadas

Fécula de maíz, 1 cucharada

Sal, una pizca

Azúcar negra, 3 cucharadas

Miel, 1 cucharada

Bizcochos dulces molidos, 1 cucharada

Nueces molidas, 1 taza

Huevo para pintar, 1

Preparación

1. Tamizar juntos la harina, el polvo para hornear y la sal.
2. Colocar en un bol. Añadir el azúcar.
3. Incorporar la manteca cortada en trocitos. Añadir la leche y mezclar todo hasta obtener una masa tierna. Reservar en la heladera, cubierta con film de polietileno.
4. Para el relleno mezclar la miel, el azúcar negra, las nueces molidas y los bizcochos molidos. Mezclar bien para homogeneizar.
5. Retirar la masa de la heladera, estirarla hasta alcanzar ½ cm de espesor o menos y cortarla en cuadrados de aproximadamente 10 cm de lado. Dividirlos por la mitad para formar triángulos.
6. Colocar un cordón de relleno en la base de cada triángulo y enrollar.
7. Doblar los extremos para formar las medialunas.
8. Ubicar las medialunas en placas para horno enmantecadas y enharinadas, y cocinarlas en horno moderado.
9. Antes de que se terminen de dorar, retirarlas del horno, pintarlas con huevo y llevar nuevamente al horno para que se termine la cocción.

Espirales

Ingredientes

Masa básica para factura 1, cantidad indicada en la receta

Manteca, 100 gramos

Azúcar molida, cantidad necesaria

Canela, 1 cucharada

Pasas de uva sin semillas, 100 gramos

Preparación

1. Rebozar las pasas de uva en harina.
2. Derretir la manteca. Reservar.
3. Estirar la masa ya levada, hasta que alcance 1 cm de espesor.
4. Untar la superficie de la masa con la manteca derretida.
5. Espolvorear por encima con azúcar molida.
6. Esparcir uniformemente las pasas de uva.
7. Enrollar la masa hasta obtener un cilindro.
8. Cortar el cilindro en rodajas de 1 y 1/2 cm de espesor.
9. Ubicar las espirales sobre placas enmantecadas y enharinadas.
10. Dejar levar cubiertas en lugar templado.
11. Cocinar en horno moderado.

Rosquitas soufflèes

Ingredientes

Agua, ½ taza
Manteca, 50 gramos
Sal, un poquito
Harina leudante, ½ taza
Yemas, 6
Baño
Azúcar, 2 tazas
Esencia de vainilla, 1 cucharadita
Agua, cantidad necesaria

Preparación

1. Colocar el agua, la sal y la manteca en una cacerola, y hacer hervir.
2. Cuando el agua rompa hervor, agregar de golpe la harina leudante, mientras se mezcla rápidamente con una cuchara de madera.
3. Revolver el pegote sobre el fuego hasta que se seque y separar de los costados y el fondo de la cacerola.
4. Retirar el pegote del fuego y volcarlo en un bol. Dejar enfriar un poco (pero no demasiado).
5. Agregar las yemas de una por vez, batiendo muy bien después de cada adición.
6. Colocar la masa en una manga con boquilla grande, lisa o de picos y trazar las rosquitas, espaciadas entre sí, sobre placas enmantecadas y enharinadas.
7. Cocinar en un horno bien caliente hasta que se inflen bien.
8. Bajar la llama al mínimo y cocinar a fuego suave, con la puerta del horno entreabierta, hasta que estén bien sequitas
9. Retirar del horno, enfriar y cubrir con un baño azucarado.

Baño

1. Colocar el azúcar en una cacerolita y cubrir apenas con agua.
2. Hervir hasta que tome punto de hilo fuerte.
3. Retirar la cacerola del fuego, perfumar con la esencia y batir enérgicamente con una cuchara de metal hasta que el almíbar comience a ponerse espeso y opaco.
4. Bañar rápidamente las rosquitas en este almíbar azúcarado y colocar sobre una rejilla para que escurran el exceso de almíbar.

CAPÍTULO 7

Masas riquísimas para enamorar

Capítulo 7

Masas riquísimas para enamorar

Masitas sencillas

Ingredientes

Harina, 200 gramos
Manteca, 200 gramos
Azúcar impalpable, 100 gramos
Esencia de vainilla, 2 gotitas
Sal, una pizca
Crema de leche, 1 cucharada

Preparación

1. Colocar la harina en forma de corona.

2. En el centro de la misma ubicar la manteca, el azúcar impalpable y la pizca de sal.

3. Perfumar con la esencia.

4. Amasar los ingredientes hasta obtener una pasta.

5. Agregar la cucharada de crema de leche y unir todo con la harina sin trabajar demasiado la masa.

6. Realizar bollitos del tamaño de una nuez.

7. Acomodarlos en placas secas, pintarlos con huevo batido y cocinarlos en horno bien caliente.

Princesas

Ingredientes

Masa básica de bizcochuelo común (ver receta básica), cantidad necesaria
Pirotines medianos de papel
Dulce de leche y azúcar impalpable tamizada, cantidad necesaria

Preparación

1. Preparar el batido de bizcochuelo.

2. Enmantecar y apoyar los pirotines sobre una placa para horno.

3. Distribuir el batido en los pirotines llenándolos hasta las 2/3 partes.

4. Cocinarlos en horno moderado hasta que estén cocidos y suavemente dorados.

5. Retirar y dejar enfriar sin sacarlos de los pirotines.

6. Con un cortapastas circular chiquito, ahuecar cada masita quitándole una tapita central. Reservar las tapitas.

7. Rellenar cada masita con un copete de dulce de leche. Taparla con la tapita.

8. Espolvorearles por encima azúcar impalpable tamizada.

Palos de Jacob

Ingredientes

Masa básica bomba (ver recetas básicas), la que indica la receta
Crema de leche, 200 gramos
Azúcar, 3 cucharadas
Esencia de vainilla, a gusto
Fondant, cantidad necesaria
Cacao amargo, 2 cucharadas

Preparación

1. Colocar la masa en una manga con boquilla lisa y ancha (2 cm de diámetro) y sobre placas enmantecadas y enharinadas trazar bastones gruesos (presionar bien la manga) de 12 o 15 cm de largo. Tener la precaución de espaciarlos muy bien entre sí.

2. Cocinarlos como exige la masa bomba: en horno caliente hasta que se inflen y suave después para que se sequen y se doren.

3. Retirar y enfriar.

4. Batir la crema con las tres cucharadas de azúcar hasta que alcance punto chantilly.

5. Perfumar con la esencia.

6. Rellenar los palos de Jacob con esa crema.

7. Derretir el fondant a bañomaría. Añadirle el cacao.

8. Cubrir la parte superior de los palos de Jacob con el fondant. Dejar enfriar bien.

9. Mantenerlos en la heladera hasta el momento de servir.

Petit fours

Ingredientes

Claras, 3
Yemas, 3
Azúcar, 100 gramos
Harina, 70 gramos
Dulce de leche repostero, para unir
Almíbar, para remojar
Mitades de nuez, cantidad necesaria
Baño de fondant (ver glosario), cantidad necesaria

Preparación

1. Batir las claras a punto de nieve. Cuando estén firmes, agregar las yemas y el azúcar. Mezclar suavemente.

2. Adicionar la harina y ligar toda la preparación.

3. Colocar en una manga con boquilla lisa y distribuir los petit fours como si fueran merenguitos sobre placas forradas con papel manteca.

4. Cocinar en horno suave alrededor de 30 minutos.

5. Una vez fríos, unirlos de a dos con dulce de leche y pasarlos por almíbar.

6. Bañarlos con el baño de fondant y finalmente decorarlos con mitades de nuez.

Tarteletas hojaldradas

Ingredientes

Masa imitación hojaldre, cantidad necesaria

Yemas, 2

Azúcar, 4 cucharadas

Nueces molidas, 1 taza

Harina leudante, 2 cucharadas

Mermelada reducida, para abrillantar

Preparación

1. Forrar las tarteletas con la masa de hojaldre. Cocinarlas de la forma acostumbrada, pero sin que se doren.

2. Aparte batir las yemas con el azúcar hasta que estén muy espumosas.

3. Añadir las nueces molidas y la harina leudante. Mezclar bien.

4. Cocinar en horno caliente hasta que el relleno de las tarteletas esté cocido pero húmedo.

5. Retirar del horno, dejar enfriar y pintar con mermelada reducida para abrillantar.

Magdalenas

Ingredientes

Huevos, 6

Manteca derretida, 230 gramos

Esencia de vainilla, 1 cucharadita

Harina, 250 gramos

Polvo para hornear, 1 y 1/2 cucharaditas

Sal, 1 pizca

Azúcar, 300 gramos

Preparación

1. Batir los huevos con el azúcar hasta obtener punto letra.

2. Añadir la manteca líquida y seguir batiendo. Incorporar la esencia de vainilla.

3. Tamizar la harina junto con el polvo para hornear y la pizca de sal.

4. Incorporar la harina suavemente al batido.

5. Llenar pirotines con la preparación y ubicarlos sobre una placa para horno.

6. Cocinar en horno caliente hasta que estén levemente dorados.

■■■■■■■■■■■■■■■■■■■■■■■■■■■■■■■

Brownies

Ingredientes

Manteca, 150 gramos

Azúcar, 1 taza

Chocolate, 225 gramos

Huevos, 3

Harina, 3/4 de taza

Nueces picadas, 1/2 taza

Preparación

1. Cortar el chocolate en trocitos. Ponerlo en una fuente térmica junto con la manteca y fundir a bañomaría o en horno de microondas.

2. Mezclar bien el chocolate con la manteca y reservar.

3. Aparte batir en un bol los huevos con el azúcar hasta que la preparación se espese bien (punto letra).

4. Agregar el chocolate al batido. Seguir batiendo.

5. Añadir las nueces picadas y la harina. Continuar batiendo enérgicamente.

6. Enmantecar y enharinar un molde rectangular. Verter la mezcla.

7. Cocinar en horno caliente hasta que la superficie se observe crocante y el interior esté todavía húmedo. Hundir un palillo para verificar la consistencia del interior.

8. Retirar del horno y dejar enfriar en la asadera.

9. Cortar en cuadrados y poner en pirotines.

Para tener en cuenta: si se pasan de cocción, los brownies quedarán duros y secos. Es importante verificar cuidadosamente este proceso.

Lengüitas de gato

Ingredientes

Manteca, 100 gramos
Azúcar impalpable, 100 gramos
Claras, 4
Harina tamizada, 100 gramos
Esencia de vainilla, a gusto

Preparación

1. Batir la manteca con el azúcar hasta formar una crema.

2. Agregar una a una las claras, trabajar con una espátula de madera.

3. Incorporar la harina y la esencia.

4. Cubrir y dejar descansar durante media hora.

5. Colocar la pasta en una manga con boquilla lisa y muy pequeña sobre placas enmantecadas, y dar forma a palitos ubicados a cierta distancia uno de otro. Cocerlos a horno bien caliente.

6. Retirar las lengüitas de la placa en caliente.

7. Una vez frías, guardar en latas bien cerradas.

Mantecados

Ingredientes

Manteca, 150 gramos
Azúcar, 180 gramos
Harina, 200 gramos
Huevos, 4
Esencia de vainilla, 1 cucharadita
Pasas de uva sin semillas, 250 gramos
Polvo para hornear, 1 y 1/2 cucharaditas

Preparación

1. Batir la manteca con el azúcar hasta obtener una crema.

2. Incorporar los huevos, de a uno por vez, batiendo bien después de cada adición.

3. Tamizar la harina junto con el polvo para hornear.

4. Enharinar las pasas.

5. Incorporar la harina tamizada al batido de huevos y finalmente las pasas. Mezclar con cuidado.

6. Verter la pasta en pirotines pequeños y cocinar en horno moderado durante 15 minutos aproximadamente.

7. Servir en los mismos pirotines.

Alfajorcitos de maicena

Ingredientes

Fécula de maíz, 1/2 kilo

Azúcar, 1/4 kilo

Manteca, 2 cucharadas

Yemas, 4

Claras, 2

Vino oporto, 1 copita

Coco rallado, cantidad necesaria

Preparación

1. Poner la fécula de maíz sobre la mesa formando un anillo o corona.

2. En el hueco colocar el azúcar, la manteca, las yemas, las claras y la copita de vino oporto.

3. Amasar bien hasta formar una masa compacta.

4. Estirar con el palote dándole a la masa 2 cm de grosor.

5. Cortar círculos con un molde o con la boca de un vaso.

6. Colocar las tapas sobre una placa enmantecada y llevar a horno fuerte.

7. Dejar enfriar, untar una tapa con dulce de leche y unir a otra.

8. Rebozar los bordes con coco rallado.

Tarteletas de coco

Ingredientes

Masa dulce crocante (ver receta básica), cantidad necesaria

Manteca, 70 gramos

Azúcar, 4 cucharadas gordas

Coco rallado seco, 120 gramos

Esencia de vainilla, 1 cucharadita

Huevos batidos, 2

Mermelada reducida (optativo)

Preparación

1. Forrar moldes para tarteleta (tamaño «masitas») enmantecados y enharinados con la masa dulce crocante, de modo que queden bien finitas y parejas. Recortar los excedentes de los bordes.

2. Colocar la manteca y el azúcar en una cacerolita y revolver continuamente sobre el fuego hasta que la manteca se funda.

3. Retirar del fuego e incorporar el coco y la esencia.

4. Agregar los dos huevos y batir rápidamente con batidor de alambre.
5. Distribuir esta mezcla en las tarteletas, llenándolas sólo hasta los 2/3 de su capacidad.
6. Cocinar en horno moderado hasta que la masa esté dorada y el relleno firme.
7. Desmoldar, y si desea, puede pintarse la superficie con mermelada previamente reducida.

Coquitos

Ingredientes

Coco seco rallado, 100 gramos
Azúcar, 100 gramos y cantidad adicional
Yemas, 3

Preparación

1. Mezclar el coco con el azúcar.
2. Añadir de a poco las yemas amasando hasta obtener una pasta maleable. Si resulta líquida, añadir azúcar, y si está demasiado dura, incorporar otra yema.
3. Moldear porciones de pasta con forma de "coquitos".
4. Apoyar los coquitos sobre placas enmantecadas y cocinar en horno caliente hasta que estén apenas dorados por fuera y húmedos por dentro.
5. Dejar enfriar en la placa y luego colocar en pirotines.

Tarteletas de frutillas

Ingredientes

Masa dulce crocante, ver receta
Yemas, 2
Huevo, 1
Azúcar, 1/2 taza
Leche, 1 taza
Claras batidas a nieve, 2
Esencia de vainilla, 1 cucharadita

Gelatina en polvo sin sabor, 1 cucharadita
Agua, 1 cucharada
Frutillas limpias y azucaradas, 1/2 kilo y 1/4 kilo enteras para decorar
Crema chantilly, para decorar

Preparación

1. Forrar con la masa moldecitos de vidrio térmicos que puedan llevarse a la mesa ya que no conviene desmoldar esta tarteletas.

2. Pincharlas con un tenedor y cocinarlas en horno caliente hasta que estén sequitas y doradas. Retirar, pero no desmoldar.

3. Batir las yemas con el huevo, el azúcar y la leche.

4. Revolver continuamente sobre el fuego hasta que se espese, pero sin dejar hervir.

5. Verter un poquito sobre las claras batidas a nieve. Mientras, seguir batiendo hasta incorporar toda la crema. Perfumar con esencia.

6. Remojar la gelatina en agua fría y disolver a bañomaría.

7. Agregar a la crema anterior.

8. Colocar una capa de frutillas azucaradas y escurridas en el fondo de las tarteletas.

9. Cubrir con una capa gruesa de la crema preparada.

10. Ubicar en la heladera hasta que la crema esté firme.

11. Coronar cada tarteleta con una frutilla entera y rodear con copos de crema chantilly.

12. Mantener en la heladera hasta el momento de servir.

Bolitas de almendra

Ingredientes

Manteca, 100 gramos

Almendras molidas, 100 gramos

Azúcar 2 cucharadas

Esencia de almendras, unas gotas

Harina, 1 taza

Azúcar impalpable tamizada, cantidad necesaria

Preparación

1. Colocar todos los ingredientes sobre la mesada.

2. Unirlos con las manos, deshaciéndolos y aplastándolos hasta obtener una pasta o masa compacta.

3. Lavarse las manos y secarlas bien. Tomar porciones pequeñas de masa, y darles forma de bolitas.

4. Colocarlas en placas limpias y llevar a horno caliente hasta que se cocinen, pero evitando que se doren demasiado.

5. Retirar del horno y, en caliente, rebozarlas con el azúcar impalpable.

6. Pueden servirse en pequeños pirotines.

Masitas de damasco

Ingredientes

Harina, 250 gramos

Levadura en polvo,
1 cucharadita

Azúcar molida, 100 gramos

Manteca, 100 gramos

Esencia de vainilla, 2 gotitas

Yema, 1

Huevo, 1

Mermelada de damascos,
cantidad necesaria

Azúcar impalpable tamizada,
cantidad necesaria

Preparación

1. Tamizar 200 gramos de harina junto con la levadura.

2. Hacer una corona y colocar en el medio el azúcar, la manteca y la esencia de vainilla. Trabajar los ingredientes hasta obtener una pasta.

3. Añadir la yema y el huevo a la preparación y mezclar con fuerza para que no se corte.

4. Agregar los 50 gramos de harina restante y amasar hasta obtener una masa de consistencia blanda.

5. Estirarla sobre la mesa con un palote, y cortar con un cortapastas redondo y mediano para obtener las masitas.

6. Colocarlas a distancia en una placa enmantecada y enharinada y cocinarlas en horno moderado durante 10 minutos.

7. Unirlas de a dos con mermelada de damascos. Espolvorearlas por encima con azúcar impalpable tamizada.

Florentinos

Ingredientes

Almendras peladas, 100 gramos

Azúcar, 100 gramos

Harina, 100 gramos

Esencia de vainilla, 1
cucharadita

Manteca, 30 gramos

Crema de leche, 1/2 taza

Cáscara de naranjas abrillantada,
50 gramos

Chocolate cobertura, cantidad
necesaria

Preparación

1. Triturar las almendras. Cortar las cáscaras abrillantadas en trocitos muy pequeños.

2. Llevar al fuego la crema junto con la manteca y cocinar hasta que hierva.

3. Agregar la harina, el azúcar, las nueces, las cáscaras abrillantadas y revolver a fuego suave hasta que la mezcla se torne homogénea.

4. Retirar del fuego y añadir la esencia. Mezclar.

5. Colocar porciones de la pasta en una placa para horno enmantecada y enharinada, espaciadas entre sí.

6. Llevar a horno moderado y cocinar durante 125 minutos aproximadamente. Luego apagar el horno y dejar que las masitas se sigan secando.

7. Retirarlas del horno y enfriarlas.

8. Retirarlas de la placa y pasar la parte inferior de los florentinos por chocolate cobertura disuelto a bañomaría.

9. Ponerlas boca abajo sobre una rejilla para que el chocolate se seque.

Para hacer cáscaras de naranja abrillantadas

Ingredientes

Cáscaras de naranja (ya cocidas), 1/2 kilo

Azúcar, 1/2 kilo y cantidad adicional

Agua, 1/2 litro

Sal, 1/2 cucharadita

Preparación

1. Lavar las cáscaras de naranja muy bien. Cortarlas en gajos finos.

2. Colocarlas en un recipiente con agua y sal, cubiertas totalmente hasta el día siguiente.

3. Escurrir las cáscaras y pasarlas a una cacerola. Cubrirlas con agua y llevarlas al fuego hasta que estén tiernas. No deben deshacerse.

4. Escurrir nuevamente las cáscaras y pesar 1/2 kilo. Reservar.

5. Colocar en una cacerola el 1/2 litro de agua y el 1/2 kilo de azúcar. Llevar a fuego mínimo hasta que el almíbar alcance punto de hilo flojo.

6. Agregar las cáscaras de naranja y seguir cocinando a fuego mínimo hasta que estén traslúcidas y el almíbar resulte espeso.

7. Escurrirlas y rebozarlas una por una en azúcar molida.

8. Ubicar las cáscaras azucaradas sobre una rejilla.

9. Llevar al horno mínimo con la puerta abierta para secarlas. Darlas vuelta una vez para que se sequen parejo de ambos lados. Retirarlas del horno, dejar enfriar y guardar en envases herméticos para que no se humedezcan.

CAPÍTULO 8

Las recetas de la máquina de pan

Capítulo 8

Las recetas de la máquina de pan

Pan básico

Ingredientes
Agua, 300 cm^3
Manteca, 2 cucharadas
Harina, 550 gramos
Sal, 1 cucharadita
Levadura seca, 10 gramos

Preparación
Colocar los ingredientes en el orden en el que se presentan.

Programa: pan francés.

Pan blanco

Ingredientes
Agua, 530 cm^3
Manteca, 50 gramos
Harina, 750 gramos
Leche en polvo, 2 cucharadas
Azúcar, 2 cucharadas
Sal, 1 cucharadita
Levadura seca, 10 gramos

Preparación
Colocar los ingredientes en el orden en el que se presentan.

Programa: pan básico

Pan francés

Ingredientes
Agua, 400 cm^3
Aceite, 1 cucharadita
Sal, 1 cucharadita
Harina, 600 gramos
Azúcar, 1 cucharadita
Levadura seca, 10 gramos

Preparación
Colocar los ingredientes en el orden en el que se presentan.

Programa: rápido

Pan de salvado

Ingredientes
Agua, 450 cm^3
Manteca blanda, 30 gramos
Harina, 600 gramos
Salvado de trigo grueso,
*   170 gramos*
Leche en polvo, 2 cucharadas
Sal, 1 cucharada
Azúcar negra, 6 cucharadas
Levadura en polvo, 10 gramos

Preparación
1. Colocar los ingredientes en el orden en el que se presentan.
2. Si lo desea, 15 minutos antes de completar la cocción, pintar el pan con leche (cuidando que no chorree por los costados del recipiente) y decorarlo con semillas de sésamo, de chía o de amapola.

Programa: integral

Pan para sándwich

Ingredientes
Huevos, 4
Leche, 50 cm³
Manteca blanda en cubos,
  100 gramos
Harina, 500 gramos
Sal, 1 cucharadita
Levadura en polvo, 10 gramos

Preparación
Colocar los ingredientes en el orden en el que se presentan.

Programa: sándwich

Pan de cereales

Ingredientes
Agua, 250 cm³
Leche, 100 cm³
Manteca blanda, 40 gramos
Harina, 2 tazas
Harina integral, 1/2 taza
Harina de centeno, 1/2 taza
Avena arrollada, 3 cucharadas
Azúcar negra o rubia,
  2 cucharadas
Sal, 2 cucharaditas
Levadura seca, 10 gramos
Semillas de sésamo, amapola y
  girasol mezcladas, 3 cucharadas

Preparación
1. Colocar en el recipiente de la máquina los ingredientes en el orden en el que figuran en la lista, excepto las semillas.

2. Agregar cuando escuche el primer *beep*.

Programa: pan integral.

Pan de hierbas

Ingredientes
Agua, 375 cm³
Sal, 1 cucharadita
Harina, 500 gramos
Hierbas secas (albahaca, tomillo, perejil, salvia, romero),
  3 cucharaditas
Levadura seca, 10 gramos

Preparación
Colocar los ingredientes en el orden en el que se presentan.

Programa: pan francés

Pan de maíz

Ingredientes
Agua, 400 cm³
Aceite de maíz, 1 cucharada
Azúcar, 1 cucharada
Sal, 1 cucharadita
Harina, 500 gramos
Harina de maíz, 120 gramos
Levadura seca, 10 gramos

Preparación
Colocar los ingredientes en el orden en el que se presentan.

Programa: sándwich

Pan de queso

Ingredientes
Leche, 350 cm³
Aceite de oliva, 3 cucharadas
Mostaza, 1 cucharada
Harina, 500 gramos
Queso gruyere o mar del plata
*   rallado, 100 gramos*
Sal, 1 cucharada
Levadura seca, 10 gramos

Preparación
Colocar los ingredientes en el orden
en el que se presentan.

> **Programa**: pan francés

Pan a la provenzal

Ingredientes
Agua, 350 cm³
Pesto, 3 cucharadas
Harina, 500 gramos
Queso parmesano rallado,
*   60 gramos*
Azúcar, 1 cucharada
Sal, 1 cucharada
Levadura seca, 10 gramos

Preparación
1. Colocar los ingredientes en el
   orden en el que se presentan.
2. Para preparar un pesto casero,
   procesar las hojas de un paquete
   de albahaca con 100 cm³ de aceite
   de oliva, 2 dientes de ajo, un
   puñado de nueces, sal y pimienta.

> **Programa**: pan francés

Pan de orégano

Ingredientes
Agua, 1 taza
Aceite de oliva, 2 cucharadas
Harina, 300 gramos
Orégano, 2 cucharadas
Queso parmesano rallado,
*   5 cucharadas*
Azúcar, 1 cucharadita
Sal, 1 cucharadita
Levadura seca, 10 gramos

Preparación
Colocar los ingredientes en el orden
en el que se presentan.

> **Programa**: rápido.

Pan con semillas de sésamo

Ingredientes
Agua, 550 cm³
Extracto de malta, 1 cucharada
Manteca, 50 gramos
Sal, 1 cucharadita
Harina, 700 gramos
Semillas de sésamo, 4 cucharadas
Levadura seca, 10 gramos

Preparación
Colocar los ingredientes en el orden
en el que se presentan.

> **Programa**: básico.

Pan de cebolla

Ingredientes

Agua, 450 cm³
Cebolla picada y salteada en aceite
*   de oliva, 1*
Sal, 1 cucharadita
Harina, 650 gramos
Azúcar, 1 cucharadita
Levadura seca, 10 gramos

Preparación

Colocar los ingredientes en el orden
en el que se presentan.

> **Programa**: rápido.

Pan de panceta y cebolla

Ingredientes

Agua, 350 cm³
Manteca, 50 gramos
Sal 1, cucharada
Panceta picada y salteada,
*   100 gramos*
Cebolla chica, picada y salteada, 1
Leche en polvo, 1 cucharada
Harina, 600 gramos
Levadura seca, 10 gramos

Preparación

Colocar los ingredientes en el orden
en el que se presentan.

> **Programa**: básico.

Pan de ajo

Ingredientes

Agua, 350 cm³
Sal, 1 cucharadita
Manteca blanda, 50 gramos
Ajo en polvo, 2 cucharaditas
Harina, 600 gramos
Levadura seca, 10 gramos

Preparación

Colocar los ingredientes en el orden
en el que se presentan.

> **Programa**: básico.

Pan de tomate

Ingredientes

Agua, 350 cm³
Manteca blanda, 2 cucharadas
Sal, 1 cucharadita
Harina, 450 gramos
Levadura seca, 10 gramos
Tomates secos, 30 gramos
Queso gruyere rallado, 100 gramos
Provenzal seco (ajo y perejil),
*   1 cucharada*

Preparación

1. Colocar los ingredientes en el
   recipiente de la máquina en
   orden, excepto los tomates secos,
   el queso y las especias. Agregarlos
   cuando escuche el primer *beep*.

2. Hidratar previamente los tomates
   secos en agua hirviendo,
   escurrirlos y picarlos.

> **Programa**: básico.

Pan de naranja

Ingredientes

Leche, 80 cm³
Huevos batidos, 2
Jugo de naranja, 100 cm³
Manteca blanda en cubos, 100 g
Harina, 450 g
Azúcar, 100 gramos
Ralladura de 1 naranja
Sal, 1/2 cucharadita
Levadura seca, 10 gramos
Pasas de uva, 100 gramos

Preparación

1. Colocar los ingredientes en el recipiente de la máquina respetando el orden del listado, excepto las pasas de uva. Agregarlas cuando escuche el primer *beep*.
2. Cuando el pan esté desmoldado y frío, pintarlo con glasé (ver glosario).

> **Programa**: pan dulce, tortas o pastel (recibe estos diferentes nombres en las máquinas).

Pan de miel

Ingredientes

Huevos batidos, 3
Leche, 150 cm³
Miel, 180 cm³
Manteca, 85 gramos
Azúcar negra, 100 gramos
Harina, 300 gramos
Levadura seca, 10 gramos

Preparación

1. Colocar los ingredientes en el recipiente de la máquina respetando el orden del listado,
2. Si lo desea, puede agregar una cucharadita de canela o de anís en polvo a la harina.

> **Programa**: pan dulce, tortas o pastel (recibe estos diferentes nombres en las máquinas).

Pan dulce

Ingredientes

Leche, 200 cm³
Ralladura de 1 naranja
Agua de azahar, 3 cucharaditas
Yemas, 3
Manteca blanda cortada en cubos, 120 g
Harina, 3 tazas
Azúcar, 1/2 taza
Sal, 1/2 cucharadita
Levadura seca, 1 sobre
Frutas secas, 1 y 1/2 taza

Preparación

1. En un bol, mezclar la leche, las yemas, la ralladura de naranja y el agua de azahar.
2. Colocar la mezcla de los ingredientes líquidos en el recipiente de la máquina de pan.
3. Agregar el resto de los ingredientes en el orden en el que se encuentran en la lista, menos las frutas secas.

4. Al escuchar el primer *beep*, agregar las frutas secas.

> **Programa**: pan integral.

Budín de limón

Ingredientes
Agua, 375 cm³
Leche en polvo, 4 cucharadas
Azúcar, 3 cucharadas
Sal, 2 cucharaditas
Harina, 500 gramos
Ralladura de limón, 3 cucharadas

> **Programa**: pan dulce, tortas o pastel (recibe estos diferentes nombres en las máquinas).

Capítulo 9

Recetas para celíacos

Harina sin trigo, avena, cebada, centeno (sin T.A.C.C.)

Ingredientes
Harina de arroz, 300 gramos
Harina de mandioca, 300 gramos
Fécula de maíz, 400 gramos

Procedimiento
1. Mezclar los ingredientes.
2. Conservar hasta su uso.

■■■■■■■■■■■■■

Leudante casero sin trigo, avena, cebada, centeno (sin T.A.C.C.)

Ingredientes
Bicarbonato de sodio, 50 gramos
Ácido tartárico o cremor tártaro, 50 gramos
Fécula de maíz o de manteca, 25 gramos

Procedimiento
1. Mezclar los ingredientes.
2. Guardar en un envase hermético y rotulado.

■■■■■■■■■■■■■

Pan lactal

Ingredientes
Leudante, 1 cucharada grande (ver receta anterior)
Levadura 25 gramos
Premezcla sin trigo, avena, cebada, centeno (sin T.A.C.C.), 250 gramos
Azúcar, 1 cucharada
Sal, una pizca
Leche tibia, 250 cm³

Procedimiento
1. Poner a espumar la levadura con un poco de leche tibia y el azúcar.
2. Batir todo junto y colocar en un molde aceitado o enmantecado. La preparación queda medianamente líquida.
3. Llevar el pan al horno caliente durante 15 minutos, bajar a moderado y cocinar durante minutos más. Probar con un palillo. Desmoldar sobre una rejilla hasta que se enfríe.

■■■■■■■■■■■■■

Pan de claras

Ingredientes
Claras, 4
Fécula de maíz, 4 cucharadas
Leche en polvo, 4 cucharadas
Sal, una pizca
Leudante, 1/2 cucharadita (ver segunda receta de este capítulo)

Procedimiento
1. Batir las claras con la sal a punto nieve.
2. Mezclar los ingredientes secos, tamizados e incorporarlos a las claras con movimientos envolventes.
3. Volcar en molde enmantecado y enharinado.
4. Cocinar en horno precalentado a fuego moderado durante 20 minutos.

Pan de queso

Ingredientes

Huevos, 4
Azúcar, 1/2 cucharada
Sal, 1 cucharadita
Fécula de maíz, 4 cucharadas colmadas
Leudante, 1 cucharadita (ver segunda receta de este capítulo)
Queso rallado, 1 taza

Procedimiento

1. Batir las yemas con el azúcar hasta que estén espumosas.

2. Agregar la sal y la fécula tamizadas con el leudante.

3. Unir el queso rallado y las claras batidas.

4. Volcar la preparación en un molde enmantecado y enharinado.

5. Cocinar en horno caliente 3 minutos y luego bajar la temperatura hasta dorar.

■■■■■■■■■■■■■■

Pan I

Ingredientes

Premezcla sin trigo, avena, cebada, centeno (sin T.A.C.C.), 500 gramos
Huevos, 1
Levadura de cerveza fresca apta, 50 gramos
Sal, 1 cucharada
Manteca, 20 gramos
Azúcar, 1 cucharada
Agua tibia, 450 cm³

Procedimiento

1. Colocar en una taza la levadura con el azúcar y una cucharada de la premezcla.

2. Agregar un poco de agua y dejar esponjar.

3. Mezclar bien en una licuadora o con batidora el agua con la manteca y el huevo.

4. Agregar a la premezcla restante junto con la sal y batir con batidora.

5. Agregar a la preparación con la levadura mientras se continúa batiendo durante 2 minutos.

6. Volcar en molde enmantecado y espolvoreado con fécula de maíz o harina de arroz si se desea pan de molde.

7. Dejar levar y llevar a horno mediano durante 40 minutos aproximadamente. Para que no se seque arriba, es conveniente colocar en el piso del horno una fuente de agua que dé humedad a la cocción. Se pueden preparar también exquisitos pancitos si directamente se vierte la preparación de a cucharadas sobre placa enmantecada.

■■■■■■■■■■■■■■

Pan II

Ingredientes

Premezcla sin trigo, avena, cebada, centeno (sin T.A.C.C.), 250 gramos
Leche tibia, 350 cm³
Levadura seca, 25 gramos
Leudante, 1 cucharadita (ver receta segunda de este capítulo)
Azúcar, 1 cucharadita
Sal, 1 cucharadita
Aceite, 1 cucharadita

Procedimiento

1. Incorporar los ingrediente secos en un bols.
2. Agregar el aceite y, por último, la leche. Batir mucho.
3. Dejar leudar una hora preferentemente en el molde ya enmantecado y enharinado.
4. Cocinar en horno caliente hasta que esté dorado.

■■■■■■■■■■■■■

Bocadillos

Ingredientes

Harina sin trigo, avena, cebada, centeno (sin T.A.C.C.); ver primera receta de este capítulo; o premezcla sin T.A.C.C., 300 gramos
Leudante, 1 cucharadita (ver segunda receta de este capítulo)
Sal, 1/2 cucharadita
Huevos, 2
Leche, 50 cm³
Aceite, 1 cucharada
Jugo de limón, a gusto
Azúcar, 2 cucharadas

Procedimiento

1. Mezclar los ingredientes hasta formar una pasta homogénea y suave.
2. Freír porciones de pasta en aceite.

Variantes:

Salada: agregar ingredientes hervidos picados, acelga, etc.

Dulce: agregar daditos de manzana verde, dulce de membrillo y espolvorear con azúcar.

Pancitos

Ingredientes

Harina sin trigo, avena, cebada, centeno (sin T.A.C.C.), 400 gramos (ver primera receta de este capítulo)
Sal, 1 cucharadita de té
Aceite, 3 cucharadas soperas
Leudante sin T.A.C.C., 4 cucharaditas (ver segunda receta de este capítulo)
Leche en polvo, 4 cucharadas
Soda, cantidad necesaria

Procedimiento

1. Mezclar en un bols los ingredientes secos: harina, sal, leudante y leche.
2. Agregar en el centro el aceite y la soda (poco a poco) y en la medida que sea necesario para formar una masa homogénea semilíquida.
3. Colocar en una asadera aceitada, cucharadas de masa, formando pequeños pancitos.
4. Cocinar a horno moderado 15 a 20 minutos.

■■■■■■■■■■■■■

Bizcochuelo de vainilla

Leudante, 1 cucharada (ver segunda receta de este capítulo)
Huevos, 2
Fécula de maíz, 100 gramos
Azúcar impalpable 100 gramos
Manteca, 100 gramos
Esencia de vainilla, 1 cucharadita

Procedimiento

1. Batir la manteca con el azúcar a blanco.

2. Agregar de a uno los huevos y luego los ingredientes secos. Por último, las claras batidas a nieve.

3. Llevar a horno a temperatura media unos 40 minutos.

■■■■■■■■■■■■■■

Pan de pebete

Ingredientes
Maizena, 50 gramos
Mandioca, 50 gramos
Leche en polvo descremada,
50 gramos
Aceite de maíz, 2 cucharadas
Huevo, 1
Levadura, 25 gramos
Leche tibia para disolver la
levadura, 1 tacita
Sal, a gusto
Azúcar, 1 cucharadita

Procedimiento
1. Colocar la leche tibia con el azúcar y la sal.

2. Mezclar bien y luego agregar la levadura. Dejar espumar.

3. Reservar.

4. Mezclar los ingredientes secos, agregar el aciete y el huevo, luego la levadura (sólo la espumita).

5. Mezclar todo muy bien; debe quedar una consistencia seimilíquida

6. Enmantecar tres moldecitos de aluminio de 10 cm de diámetro y verter la preparación.

7. Dejar levar y luego llevar al horno a fuego mínimo hasta que se dore. Insertar un palillo en el centro y si sale seco, el pan está listo para retirar.

Pan clásico de molde

Ingredientes
Café de aceite, 1/2 pocillo
Harina sin trigo, avena, cebada,
centeno (sin T.A.C.C.), 400 gramos
(ver primera receta de este capítulo)
Leche en polvo, 100 gramos
Huevo, 1
Sal, 2 cucharaditas
Levadura fresca, 50 gramos
Chicle de mandioca, 2 cucharadas
de de mandioca en 150 gramos de
agua tibia

Procedimiento
1. Preparar la levadura con una cucharada de azúcar y 150 cm3 de agua tibia. Dejar hasta que esté espumosa.

2. Mezclar los ingredientes secos y agregarles el chicle, la levadura y el huevo hasta unificar la masa.

3. Volcar en molde aceitado (número 4 de tamaño rectangular) y dejar levar en lugar templado cubierto con un repasador o en horno al mínimo con la puerta semiabierta.

4. Cuando haya alcanzado el doble de su volumen, cocinar primero en horno al mínimo y subir la temperatura para terminar la cocción hasta que se dore. Insertar un palillo en el centro y si sale seco, el pan está listo para retirar.

Variantes
Chips (en molde de pirotín grande o lata de picadillo), panchos (en molde de budín de aluminio descartable), pan de hamburguesas (en molde de lata de atún grande o compoteras de aluminio), pizza (en asadera).

Índice general